Aljoscha A. Schwarz

Spring über den Horizont

Aljoscha A. Schwarz

Spring über den Horizont

77 philosophische Spiele für Herz und Verstand

Kreuz

Mit Rat und Tat, wie immer, dabei: Ronald Schweppe

Bibliografische Information der Deutschen Bibliothek
Die Deutsche Bibliothek verzeichnet diese Publikation in der Deutschen Nationalbibliografie; detaillierte bibliografische Daten sind im Internet über http://dnb.ddb.de abrufbar

KREUZ Verlag
Verlagsgruppe Dornier
Postfach 80 06 69, 70506 Stuttgart

www.kreuzverlag.de
www.verlagsgruppe-dornier.de

Illustrationen: Wolfgang Pfau
Umschlagbild: © Voller Ernst/Peter Wiegel
Umschlaggestaltung: Bergmoser & Höller Agentur, Aachen
Satz: de·te·pe, Aalen
Druck: Westermann Druck, Zwickau

ISBN 3-7831-2445-X

Inhalt

Lebendige Philosophie

> Der vernünftige Gebrauch der Erfahrung hat auch seine Grenzen. Diese kann zwar lehren, dass etwas so oder so beschaffen sei, niemals aber, dass es gar nicht anders sein könne.
>
> *Rezension von Herders Ideen zur Philosophie der Geschichte der Menschheit 2*
> *Immanuel Kant*

Wir sind alle Suchende. Wenn wir sehr viel Glück haben, wissen wir, nach was wir suchen. Wenn wir ein wenig Glück haben, immerhin, dass wir auf der Suche sind. Viele aber wissen nicht einmal das.

Philosophen sind Menschen, die nach Antworten suchen. Auch spirituelle Menschen suchen ganz bewusst, wenn auch nicht immer nach Antworten. Und dann gibt es spirituelle Philosophen. Diese Menschen müssen keine Professoren sein, es geht ihnen nicht um Wissen, sondern um Erkennen. Es sind Menschen, die neugierig jeden Winkel des Bewusstseins und des Möglichen, des Unbewussten und Unmöglichen erforschen wollen.

Dieses Buch ist für solche Menschen. Sie brauchen kein Wissen auf die Reise durch das Buch mitzunehmen. Nur Neugier und Offenheit. Und mitunter vielleicht auch ein wenig Mut.

Einige der spirituellen Abenteuer werden Sie möglicherweise an Grenzen führen. Manche werden Ihnen auf Anhieb vielleicht gar nichts sagen. Und ein paar werden Tore in Ihrem Bewusstsein öffnen.

Hindurchtreten müssen Sie selbst.

Das Spiel des Lebens

Das Leben ist eine ernste Prüfung, eine Pflicht. Das Leben ist ein interessantes Abenteuer, ein Spiel. Suchen Sie sich einen dieser Sätze aus und versuchen Sie zu spüren, bei welcher Aussage Sie sich wohler fühlen, welche Ihnen intuitiv richtig scheint. Was bedeutet das Ergebnis?

Spielen heißt, »so tun als ob«, »was wäre, wenn …?«, ohne Risiko Ungewohntes, ja sogar Unmögliches, Gefährliches und Schreckliches neugierig und mit Freude auszuprobieren. Vielleicht könnten wir zumindest spielen, dass das Leben ein Spiel ist?

Was passiert dann? Vielleicht würden wir uns in Abenteuer stürzen, Neues wagen, Risiken eingehen, Fehler machen. Wenn wir das Leben nicht spielen, sondern es mit Ernst und Pflichtbewusstsein betrachten, machen wir dagegen keine Fehler. Oder etwa doch?

Faites vos jeux …

Die Abenteuerspiele, die in diesem Buch auf Sie warten, sind keine Wettkämpfe. Es gibt keinen Verlierer und keinen Sieger. Und doch werden Sie bei jedem Spiel gewinnen können, wenn Sie sich darauf einlassen. Vor allem aber sind es Spiele – niemand drängt Sie zu spielen, es gibt keinen Grund, ein Spiel zu ernst zu nehmen. Sie erweitern, ohne Absicht, ohne Mühe, ohne Ziel, einfach nur Ihre Möglichkeiten.

Spielen Sie. Wenn Ihnen ein Spiel nicht gefällt, lassen Sie es. Wenn Sie mitten in einem Spiel die Lust verlieren, lassen Sie es. Folgen Sie Ihrer Freude am Spielen. Erleben Sie die Wirkung spiritueller Abenteuer auf Ihr Bewusstsein. Genießen Sie, was Sie tun. Öffnen Sie die Tore Ihrer Seele und lassen Sie neue Erfahrungen und Erkenntnisse hinein.

Viel Spaß dabei …

Aljoscha Schwarz, München 2004

Für jedes Spiel habe ich *Spielregeln, Dauer* und einen *Schwierigkeitsgrad* angegeben. Die *Spielregeln* erklären, wie es geht. Die *Dauer* ist in der Regel die kürzeste Zeit, in der Sie das Spiel sinnvoll spielen können, und der *Schwierigkeitsgrad* ist meine eigene grobe Einschätzung, wie anspruchsvoll ein Spiel ist:

I – leicht. Sie müssen sich nur ein paar Minuten Zeit nehmen, ohne sich dabei körperlich, seelisch oder geistig anzustrengen zu müssen.

II – ziemlich leicht. Sie müssen sich nur ein wenig anstrengen oder sich einen inneren Ruck geben.

III – schwierig. Dieses Spiel verlangt schon etwas mehr geistige oder seelische Anstrengung. Umso mehr können Sie das Spiel genießen.

IV – vertrackt. Diese Spiele verlangen ein kräftiges Maß an Überwindung oder geistiger Anstrengung. Nur nicht frustrieren lassen!

V – undefinierbar. Hier gibt es kein Ende, keine Lösung, kein Ziel, das nicht der Weg ist. Oder doch?

Nehmen Sie auch dies alles nicht zu ernst. Vielleicht fällt Ihnen leicht, was mir schwer fiel. Vielleicht langweilt Sie, was ich interessant fand. Nehmen Sie die Anregungen und spielen Sie damit …

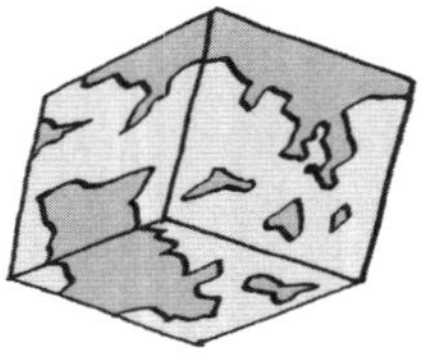

77 spirituelle Abenteuer

Die Welt mit anderen Augen sehen

Wir sind in diese Welt geworfen und staunen mit großen Augen, solange wir noch Kinder sind. Im Lauf der Zeit scheint uns dann immer mehr selbstverständlich – wenn wir nicht auf den gefährlichen Gedanken kommen, zu philosophieren …

Blicken wir naiv in die Welt, glauben wir, dass alles klar und eindeutig ist – wir durchschauen die Welt mit unseren Augen. Aber sehen wir denn überhaupt mit unseren Augen? Sehen wir nicht viel eher mit unseren Gedanken, Gefühlen, Vorstellungen? Sehen wir die Welt nicht mit unserer Seele, unserem Herzen?

Bei den folgenden sieben spirituellen Abenteuern werden Sie feststellen, dass die Welt anders aussehen kann, als Sie es gewohnt sind. Sie werden lernen, mit anderen Augen spielerisch in die Welt zu blicken. Und dazu werden Sie nicht einmal Ihre Augen austauschen müssen – zumindest nicht Ihre äußeren Augen. Sie werden nur ein wenig die gewohnte Perspektive verlassen und dabei neue Welten entdecken.

Die Welt ist viel bunter, tiefgründiger, schöner und wunderbarer, wenn wir es wagen, das Alltägliche für einige Minuten aus den Augen zu verlieren. Tauchen Sie ein in die Welt hinter dem Gewohnten. Schnallen Sie sich an und halten Sie sich gut fest. Ihnen könnte schwindelig dabei werden. Mit Sicherheit aber wird es spannend …

Spiel 1

Alles mit allem

Wir sehen in der Natur nie etwas als Einzelheit, sondern wir sehen alles in Verbindung mit etwas anderem, das vor ihm, neben ihm, hinter ihm, unter ihm und über ihm sich befindet. Auch fällt uns wohl ein einzelner Gegenstand als besonders schön und malerisch auf; es ist aber nicht der Gegenstand allein, der diese Wirkung hervorbringt, sondern es ist die Verbindung, in der wir ihn sehen.

zu Eckermann, 5. 6. 1826
Johann Wolfgang von Goethe

Die Daoisten, eine Gruppe von chinesischen Philosophen, die im Allgemeinen recht fröhlich waren und sich um ein möglichst naturgemäßes Leben bemühten, lehrten, dass alle Dinge mit allen anderen Dingen zusammenhängen. Nichts ist ganz und gar getrennt vom Rest der Welt. Und erstaunlicherweise sieht man in der modernen Physik die Dinge inzwischen genau so, wie sie die Daoisten schon vor über 2000 Jahren betrachteten: Es gibt nichts, das für sich allein steht – alles steht mit allem anderen in Verbindung. Die Chaostheorie prägte dafür das schöne Bild des Schmetterlings in China, dessen Flügelschlag einen Wirbelsturm in Kansas auslösen kann. Kleinste Ereignisse können große Wirkungen haben, da sie durch unsichtbare Fäden von Wechselwirkungen mit allem anderen verknüpft sind.

Aber was hilft es, dies zu wissen? Wenig. Wir erfahren, dass wir nicht allzu viel wissen können. Und aus diesem Nichtwissen können wir keine Schlüsse ziehen. Wissen ist wenig, Fühlen ist schon eine Menge mehr. Auch wenn wir wissen, dass alles mit allem zusammenhängt, begreifen wir es doch nicht. In diesem Spiel geht es daher darum, die Verbindung von allem mit allem erkennend zu fühlen. Oder fühlend zu erkennen.

Spielregeln

Nehmen Sie einen beliebigen Gegenstand zur Hand. Verfolgen Sie seinen Weg auf der Zeitlinie zurück. Wie kam dieser Gegenstand in Ihre Hand, was war alles nötig, dass Sie ihn jetzt vor sich haben? Welche Menschen waren daran beteiligt? Welche Technik? Welche Ressourcen? Stürzen Sie sich in das unendliche Netz der Zusammenhänge.

Dauer: 10 Minuten *Schwierigkeitsgrad: I*

Beim ersten Lesen mag dieses Spiel vielleicht sehr einfach und banal scheinen. Doch schon bald tauchen wir in die unübersehbaren Zusammenhänge ein – wir können dieses Spiel niemals zu einem Ende bringen. Selbst wenn wir unser gesamtes weiteres Leben nur noch dieses eine Spiel mit diesem einen Gegenstand spielten: Ein Ende wäre nie in Sicht. Deshalb wollen wir uns erst einmal auf ein paar Minuten beschränken. Danach wird sich unser Blick auf die Welt vielleicht schon ein wenig verändert haben …

Ich habe einen Kugelschreiber vor mir. Woher kommt er? Aus dem Schreibwarenladen um die Ecke. Dorthin kam er durch eine Firma, die Kugelschreiber herstellt. Ein LKW-Fahrer hat gut gefrühstückt und ist dann losgefahren, um sie abzuliefern. Ich möchte nun nicht weiterverfolgen, wie der LKW hergestellt wurde oder was den Fahrer dazu gebracht hat, genau diesen Beruf zu ergreifen – obwohl ja auch all das eine Rolle dabei gespielt hat, den Stift auf meinen Schreibtisch zu bringen. Ich bleibe beharrlich bei dem Stift. Der Stift besteht aus: einer Plastikhülse, einer Metallfeder, Tinte. Die Metallfeder wurde irgendwo hergestellt, wo man Metall verarbeitet. Dort arbeiten vermutlich viele Menschen, jeder mit seinem ganz besonderen Lebensweg, der ihn schließlich in diese Firma geführt hat. Dort gibt es viele Maschinen. Wer hat die hergestellt, woher kommen sie? Egal – ich verfolge nur die Feder weiter. Sie ist aus Metall. Das rohe Metall wurde hier in einem komplizierten Prozess zu einer Feder verarbeitet. Aber bevor es verarbeitet wurde, musste es ja irgendwie gewonnen werden. Menschen gruben Löcher in die Erde, um Erz zu fördern, wieder mit Maschinen, zum Beispiel Förderbändern. Das Erz wurde weitertransportiert, um es in Hochöfen, die die enorme Hitze aushalten, zu schmelzen. Wer hat die hergestellt? Aber erst einmal mussten sie überhaupt erfunden werden …

Wir haben hier nur ein winziges Stück eines Teiles eines kleinen Alltagsgegenstandes verfolgt und noch gar nicht darüber nachgedacht, woher die Eier kommen, die der LKW-Fahrer gefrühstückt hat … Es tun sich bereits unendliche Zusammenhänge auf. Das Staunen über die unglaubliche Komplexität der Welt nimmt zu.

Wir können lernen, diese Komplexität zu *fühlen*. Müssen wir nicht Ehrfurcht empfinden? Müssen wir nicht atemlos werden vor dem Wunder eines so einfachen, alltäglichen Gegenstandes wie einem billigen Kugelschreiber?

Spiel 2
Das Touristen-Spiel

> Gedenkt man, wie viel Menschen man gesehen, gekannt, und gesteht sich, wie wenig wir ihnen, wie wenig sie uns gewesen, wie wird uns da zu Mute! Wir begegnen dem Geistreichen, ohne uns mit ihm zu unterhalten, dem Gelehrten, ohne von ihm zu lernen, dem Gereisten, ohne uns zu unterrichten, dem Liebevollen, ohne ihm etwas Angenehmes zu erzeigen.
>
> *Die Wahlverwandtschaften II. 1*
> *Johann Wolfgang von Goethe*

Mitunter kommt das Fernweh auf leisen Sohlen daher. Das Unbekannte lockt, das Bekannte, Alltägliche hinter sich zu lassen, scheint so unendlich freudvoll. Es bereichert das Leben, fremde Kulturen, fremde Menschen kennen zu lernen. Und doch ist die Sehnsucht nach der Ferne auch ein wenig mit der Sehnsucht nach dem Tod, dem Nicht-Sein, verwandt. Nur weg vom Ich, das hier in der grauen Stadt sein graues Alltagsleben lebt. Dieses Ich soll dann – quasi wie eine unmittelbare Wiedergeburt oder Auferstehung im Diesseits – als neues, glücklicheres, zufriedeneres Ich in einer neuen, fremden, bunteren Welt ein bunteres Leben leben.

Doch ach! Das Ich bleibt das gleiche Ich. Wir nehmen uns mit, egal wohin und wie weit wir auch gehen. Wir bewegen uns in der Welt, doch die Welt in uns bewegt sich kaum.

Natürlich: In der Ferne gibt es neue Anregungen, neue Bilder, Klänge und Düfte. Wenn die Ferne auch keine Veränderung ist, so birgt sie doch die Chance, sich selbst zu verändern. Das Neue kann einen Widerhall in unserer Seele auslösen. Und das Echo hören wir als Erkenntnis.

Wo beginnt die Ferne?

Spielregeln

Verbringen Sie einen Tag oder besser noch ein Wochenende als Tourist in der Stadt, in der Sie leben. Nehmen Sie sich ein Hotelzimmer. Sie können an einer Stadtrundfahrt teilnehmen. Besorgen Sie sich einen Stadtführer und besuchen Sie die Sehenswürdigkeiten, die Sie noch nie besucht haben. Vor allem aber: Achten Sie auf die fremden Menschen in dieser fremden Stadt, in der Sie leben. Wie sieht das Gewohnte aus, wenn Sie es als Fremder betrachten?
Dauer: 4 Stunden *Schwierigkeitsgrad: II*

Ein guter Startpunkt für dieses Spiel ist der Hauptbahnhof oder der Flughafen. Hier kommt der Fremde, der Sie in diesem Spiel sind, in der Stadt an. Und hier gewinnt er seine ersten Eindrücke von der Fremde. Wie sind die Menschen in dieser neuen Stadt? Was fällt an ihnen auf? Was gibt es alles zu sehen, das anders ist als das, was gewohnt ist?

Hier, auf dem Münchner Flughafen, scheint es nicht viel anders zu sein als auf allen anderen Flughäfen der Welt. Was habe ich erwartet? Lederhosen und Blaskapellen? Doch tatsächlich: In den vielen kleinen, feinen und modernen Läden sehe ich immer wieder Schuhplattler aus Porzellan, Gamsbärte (zufällig weiß ich, dass der Bajuware sich diese Bürstchen an den Hut steckt – doch eigentlich sehen sie wie Rasierpinsel aus), Wolpertinger (urbayrische Zwitterwesen aus verschiedenen Tieren: Hasenkörper, Vogelkrallen, ein Iltis mit winzigem Rehgeweih) und natürlich Bierkrüge in allen Formen und Farben.

Auf der langen Fahrt in die Stadt sehe ich in der Ferne die Berge. Ich habe mich schon so in das Fremdsein eingefühlt, dass ich beinahe das Gefühl habe, sie zum ersten Mal zu sehen. Es ist eine schöne Landschaft. Das Taxi taucht in die Stadt ein. Erstaunlich klein, diese Weltstadt. Schon zehn Minuten nach Passieren der Stadtgrenze bin ich im Zentrum, am Hauptbahnhof. Ich mache eine Stadtrundfahrt (mit Führung in englischer Sprache). Außer mir sind hauptsächlich Chinesen an Bord. Ich komme mit meiner chinesischen Nachbarin ins Gespräch. Sie kann ein wenig Englisch, ich ein wenig Chinesisch und so verstehen wir uns ganz gut. Wir haben etwas gemeinsam: Wir hier im Bus sind die Fremden – dort draußen auf der Straße sind die anderen. Es fällt mir schwer, mir ins Gedächtnis zu rufen, dass ich eigentlich zu den anderen dort draußen gehöre. Gemeinsam mit meiner chinesischen Bekannten bestaune ich Schloss Nymphenburg. Meine Schwester wohnt nur einige Straßen entfernt, und ich habe es dennoch noch nie bewusst gesehen. Die Fahrt geht weiter …

Es ist gut möglich, dass andere Menschen die Stadt, in der sie leben, besser kennen als ich die meine. Doch selbst dann ist es lohnenswert, das Bekannte so zu sehen, als sei es unbekannt. Wir können auch die Dinge, die wir kennen, neu entdecken. Und indem wir etwas Neues tun, kann Unerwartetes geschehen. Wir sehen plötzlich etwas Verblüffendes, entdecken eine neue Perspektive, neue alte Gefühle tauchen auf, oder wir lernen neue Menschen kennen, die wir sonst niemals kennen gelernt hätten. Wang Yan schreibt mir heute noch.

Spiel 3 Die Welt ohne Licht

Blinde, weiß ich wohl, fühlen und Taube sehen viel schärfer,
aber mit welchem Organ philosophiert denn das Volk?

Xenien, Die Stockblinden
Goethe und Schiller

Für die meisten von uns ist die Welt ein Schauspiel voller bunter Bilder, voller Licht und Schatten. Unsere Augen sind das Tor zu der Welt, die wir außerhalb unseres Selbst vermuten. Licht, das auf Gegenstände trifft, wird reflektiert, trifft auf unsere Netzhaut, wo die Sehzellen die auftreffenden Lichtpartikel in Nervenimpulse verwandeln, aus denen dann das Gehirn die Außenwelt rekonstruiert. Kaum etwas scheint so unmittelbar wie das, was wir sehen.

Bitten Sie jemanden, seine Wohnung zu beschreiben, werden Sie selten hören: »Die Wände sind rau und klingen warm. Der Boden ist glatt und warm mit kleinen Spalten, die die nackten Zehen fühlen. Das Badezimmer ist anders. Es hat mehr Obertöne und Hall. Der Boden und die Wände sind härter und kälter …« Sie bemerken sofort, dass in dieser Beschreibung etwas Wesentliches vollkommen fehlt – das Visuelle. Wir können die Beschreibung zunächst einmal nur verstehen, indem wir sie ins Visuelle »übersetzen«. Neben dem, was in der Beschreibung fehlt, merken wir aber auch, dass andererseits mehr darin ist, als wir es normalerweise wahrnehmen. Normalerweise.

Spielregeln

Verbinden Sie sich die Augen, sodass Sie wirklich nichts mehr sehen. Sehr gut geeignet ist eine UV-Schutzbrille, wie man sie auf der Sonnenbank trägt. Leben Sie einen Tag oder mindestens eine Stunde lang blind. Bereiten Sie Ihre Wohnung darauf vor: Legen Sie sich Dinge, die Sie brauchen, zurecht und räumen Sie Hindernisse aus dem Weg. Gehen Sie auf Entdeckungsreise.
Wenn Sie ganz mutig sind, können Sie versuchen, mit einem Blindenstock oder einem Freund, der Sie führt, zum Einkaufen zu gehen.
Dauer: 1 Stunde   Schwierigkeitsgrad: II

Sobald das Licht erlischt, beginnt sich die Welt zu verändern. Die Welt, die in uns ist, bleibt zunächst eine Welt der Formen und Farben. Das Bewusstsein versucht sich zu orientieren, zuerst noch durch die Erinnerung an die gewohnten Bilder – doch allmählich wird die Lichtwelt zur Klangwelt, Geruchswelt, Tastwelt. Gibt man gut Acht, so kann man spüren, wie die Bilder immer blasser werden und die Geräusche immer farbiger. Der Raum bekommt eine neue Struktur. Allmählich beginnen wir, zuerst die Wände, dann größere Gegenstände im Raum zu »spüren«. Relativ schnell lernen wir, mit den Ohren zu sehen – wenn auch nur sehr verschwommen. Jedes Geräusch löst kleine Echos aus, und wir erkennen Dinge aus gewisser Entfernung. Doch dieses Erkennen ist aktiver als das Sehen. Wenn wir uns bewegen, den Kopf drehen und mit den Füßen Geräusche auf dem Boden machen, »sehen« wir besser. Und doch sind wir nur Besucher, Touristen in der dunklen Welt. Diejenigen, die in ihr zu Hause sind, »sehen« nun viel mehr als wir.

An der Hand einer Freundin gehe ich zum Einkaufen. Ich vertraue ihr voll und ganz, und doch bleibt ein kleiner Teil in mir vorsichtig, misstrauisch und ängstlich. Vielleicht passt sie nicht auf, wenn dort ein Hundehaufen liegt – vielleicht denkt sie nicht daran, dass ich ihn ja nicht sehen kann … Gewohnt daran, auf einen Blick entfernte Dinge zu erfassen, erliege ich der Versuchung, mir bildliche Vorstellungen von der Straße zu machen. Die Klangwelt tritt zurück und macht wieder der Bildwelt Platz. Doch das erhöht die Unsicherheit nur: Die innere Welt deckt sich nicht völlig mit der äußeren. Ich versuche, mich langsam wieder auf die Klänge zu konzentrieren. Es wird interessanter. Ich merke, dass ich mich ziemlich gut orientieren kann. Stimmen von Menschen bekommen mit einem Mal eine viel größere Bedeutung. Mein Bewusstsein für die Emotionen und Stimmungen, die in jeder Stimme mitschwingen, wächst. Der Klang einer Stimme sagt so viel – selbst wenn sie nur fragt, wo denn der Kaffee zu finden sei.

Auch die anderen Sinne werden schärfer. Ich spüre schon von weitem, wo das Kühlregal steht. Die Käse- und Wursttheke kündigen sich ebenfalls schon lang vorher an. Bei den Getränken gelingt es mir tatsächlich, einige Flaschen richtig zu ertasten. Auch das Zahlen gelingt mir ohne Hilfe.

Nach sechs Stunden beende ich das Spiel. Die Augenbinde fällt, und ich tauche ein in eine Lichtwelt, die ich nicht so bunt in Erinnerung hatte.

Spiel 4 Ohren wie ein Fisch

Wir hören viel, aber wir hören erst eigentlich, wenn wir die wirren Stimmen haben sterben lassen und nur noch eine spricht. Wir sehen viel, doch sehen wir erst eigentlich, wenn wir die wirren Lichter alle ausgeblasen haben und nur das eine klare, große in der Seele leuchtet.

Meister Eckhart

In der Regel ist unsere Welt eine Welt des Lichts. Wenn dieses Licht erlischt – in tiefster, sternloser Nacht, in einem lichtdichten Raum, in einer tiefen Höhle, wenn die Batterie der Taschenlampe versagt, wenn wir erblinden – fühlen wir uns hilflos und verloren. Die Welt ist unsichtbar, doch ihre Gefahren sind weiterhin vorhanden. Aber sie kommen nun völlig überraschend.

Unsere anderen Sinne scheinen uns dagegen verhältnismäßig unbedeutend. Dem Blinden ist unser Mitleid gewiss, doch der Gehörlose geht uns nur auf die Nerven – weil wir dieses Gebrechen nicht recht ernst nehmen.

Wären wir manchmal nicht sogar froh, wenn wir nicht alles hören müssten? Das Zetern der ewig streitenden Nachbarn, das sinnlose Hupen entnervter Automobilisten, den Verkehrslärm, die Musikbegeisterung der jungen, wenig begabten Violinistin oder des gehörgeschädigten Techno-Jünglings. Doch wir sind zum Hören verurteilt. Es gibt Augenlider, mit denen wir die Lichtwelt notfalls von uns fern halten können, aber keine Ohrenlider. Dabei sehnen wir uns manchmal doch so sehr nach Stille.

Doch vielleicht ist es nicht so sehr die Stille, nach der wir uns sehnen, sondern die Abwesenheit von Lärm?

Spielregeln

Verschließen Sie Ihre Ohren. Es ist gar nicht so leicht, dass man wirklich gar nichts mehr hört. Zumindest brauchen Sie Wachsohrstöpsel aus der Apotheke. Leben Sie einen Tag lang gehörlos. Entdecken Sie eine Welt ohne Lärm, Blabla und Maschinengeräusche – aber auch eine Welt ohne Gespräche und Musik.

Dauer: 6 Stunden   Schwierigkeitsgrad: II

Der Anfang des Spieles ist der schwierigste Teil. Es erweist sich nämlich als gar nicht so einfach, unser Gehör völlig auszuschalten. Wenn wir versuchen, unsere Ohren zu verschließen, merken wir erst, wie empfindlich unser Gehör ist. Mit Wachs geht es zunächst ganz gut. Es wird erst einmal still. Am lautesten sind die Geräusche unseres eigenen Körpers – atmen, schlucken, das Rauschen des Blutes, unser Herzschlag. Doch dann hören wir, wenn auch dumpf und leise, Geräusche aus der Außenwelt. Wenn es Ihnen gelingt, Ihre Ohren so weit zu verschließen, dass Sie auch mit viel Aufmerksamkeit nicht mehr verstehen können, was jemand im Fernseher (auf Zimmerlautstärke gestellt) spricht, dann sind Sie bereit für das Spiel.

Die erste Zeit in der Stille ist erholsam. Der Stadtlärm ist ausgesperrt. Beim Lesen und Schreiben wird die Konzentration nicht mehr durch plötzliche Geräusche unterbrochen. Doch dann klingelt das Telefon. Ich kann es natürlich nicht klingeln hören, aber ich sehe es blinken. Es hat wenig Sinn, das Gespräch anzunehmen – und das Spiel möchte ich auch nicht unterbrechen. Also verzichte ich darauf. Aber die Neugier plagt mich. Wer war es wohl? Hoffentlich nichts Wichtiges. Etwas später greife ich selbst zum Telefon und habe schon gewählt. Erst als ich mich darüber wundere, dass kein Freizeichen kommt, wird mir wieder bewusst, dass ich nichts hören kann. Bisher ist das Gehörlosenleben nicht so schlecht. Einige Dinge sind etwas lästig, aber dafür genieße ich die Stille.

Doch es wird anders, als ich auf die Straße gehe. Ich merke, wie sehr ich mich, ohne es zu wissen, auf mein Gehör verlassen habe. Merken die Menschen, dass ich anders bin? Ein seltsames Misstrauen steigt in mir auf. Jemand blickt in meine Richtung und bewegt seinen Mund. Er wird doch nicht zu mir sprechen? Ich spüre, dass es ein Gehörloser in gewisser Weise schwerer hat als ein Blinder – den Blinden erkennt man schnell und man ist bereit zu helfen. Doch der Gehörlose sieht ganz normal aus, verhält sich aber seltsam.

An der Kasse im Laden mache ich der Verkäuferin mit Gesten deutlich, dass ich nichts hören kann. (Hoffentlich sieht sie die Ohrstöpsel nicht!) Ich bemühe mich, nicht lauter zu sprechen als sonst. Dennoch habe ich das Gefühl, dass mich die Leute anstarren und hinter meinem Rücken tuscheln.

Ich bin froh, wieder zu Hause zu sein. Langsam beginnt mich die erzwungene Stille zu stören. Ich greife zum Cello – sinnlos. Ich kann mit keinem Freund sprechen.

Als ich spät abends vor dem Zubettgehen das Spiel beende, trifft mich der Lärm der Welt wie ein Schlag. Aber schön ist es trotzdem.

Spiel 5 Auf dem Himmel stehen

Der Himmel senket sich, er kommt und wird zur Erden.
Wann steigt die Erd' empor und wird zum Himmel werden?

Der Cherubinische Wandersmann III
Angelus Silesius

Alles Gute kommt von oben. Unten ist das Reich des Bösen. Das Hochheilige steht dem abgrundtief Bösen gegenüber. Unsere Welt ist nicht in jeder Richtung gleichermaßen gut – die Richtung, in der die Schwerkraft wirkt, scheint uns weniger angenehm zu sein. Kein Wunder, schließlich kämpfen wir praktisch ununterbrochen gegen sie an. Das, was unseren irdischen, plumpen, mit Krankheiten und Fehlern geplagten Körper an die Welt fesselt, nach unten zieht, ist dem entgegengesetzt, wonach unsere Seele strebt: nach Befreiung, zur Freiheit, in die Höhe, zum Himmel.

Andererseits: Wenn wir mit beiden Beinen auf der Erde stehen, stehen wir mitten im Leben, sind realistisch und vernünftig. Wenn wir den Kopf in den Wolken haben, verlieren wir leicht den Boden unter den Füßen, heben ab und geraten ins Stolpern.

So interessant solche sprachlichen Assoziationen auch sein mögen: Vielleicht bringen sie uns auf neue Gedanken – unsere Gefühle berühren sie wohl nur wenig. Dabei wäre es doch vielleicht einmal ganz interessant, mit den Füßen auf dem Himmel zu stehen, die Erde über uns.

Dazu ist es nicht nötig, das Universum umzukrempeln.

Spielregeln

Entdecken Sie eine verkehrte Welt, indem Sie sich in den Kopfstand begeben. Falls Sie zufällig kein Yogi sind, ist das eventuell nicht so leicht. Doch es gibt eine ganz einfache Variante: Legen Sie sich aufs Bett, einen Liegestuhl oder eine Parkbank, und lassen Sie den Kopf über eine Kante nach unten hängen. Oben ist unten. Lassen Sie Ihren Blick neugierig schweifen, und finden Sie heraus, was Sie aus dieser Perspektive neu entdecken können.

Dauer: 5 Minuten   Schwierigkeitsgrad: II

Fällt von Gegenständen reflektiertes Licht durch die Pupille, werden die Lichtstrahlen gebündelt und auf die Netzhaut unseres Auges als umgedrehtes Bild der Welt projiziert. Im Auge steht die Welt Kopf. Erst das Gehirn dreht das Bild um. Betrachten wir die Welt aus der Kopfstandperspektive, so sehen wir die Welt, wie sie unser Auge sehen würde, wenn es sehen könnte. Dazu bräuchte es allerdings ein Gehirn. Doch würde dieses Gehirn das Bild nicht ebenfalls umdrehen?

Jede ungewohnte Perspektive hat einen Vorteil: Sie verlangt von uns, das Gewohnte nochmals genau zu betrachten. Damit wir etwas aus einem anderen Blickwinkel als dasselbe Etwas erkennen, muss unser Gehirn komplizierte Berechnungen anstellen und Erfahrungen zum Vergleich heranziehen. Im Alltag merken wir das nicht, da es so schnell geht. Wir üben einige Perspektivenwechsel ständig, indem wir uns in der Welt bewegen. Die Kopfstandperspektive ist dagegen ungewohnter. Das Gehirn braucht etwas länger, um gewohnte Gegenstände zu erkennen. Wir haben Zeit, Neues zu entdecken. Dass es tatsächlich etwas länger dauert, selbst vertraute Dinge zu erkennen, sieht man beispielsweise daran, dass die meisten Menschen nicht flüssig lesen können, wenn der Text auf dem Kopf steht.

Auf dem Kopf zu stehen, ist unter freiem Himmel besonders interessant. Die Füße stehen auf dem Himmel, während der Kopf mit Gravitation an die Erdkugel geschraubt ist. Formen und selbst Farben bekommen neue Bedeutungen, neue Einzelheiten treten hervor.

Und doch gelingt es nicht wirklich, den Himmel als unten und den Boden als oben zu empfinden. Unser Gleichgewichtsorgan hilft dem Auge, sich nicht hinters Licht führen zu lassen. Auch wenn wir den Himmel zu unseren Füßen haben, bleibt er oben, und der Boden über unseren Köpfen bleibt unten. Die Welt bleibt konstant und dreht sich nicht um uns, sondern wir uns in ihr. Wir können die Welt nicht einfach auf den Kopf stellen, indem wir uns auf den Kopf stellen.

Oben und unten sind nicht wie rechts und links. Oben und unten sind nicht relativ. Ist gut und böse wie rechts und links oder wie oben und unten?

Spiel 6

Oberflächlich

Das Weltall ist ein Kreis, dessen Mittelpunkt überall, dessen Umfang nirgends ist.

Blaise Pascal

Einst war die Erde eine Scheibe. Über (und unter) dieser Scheibe wölbte sich das Himmelsgewölbe, auf dem sich Sonne, Sterne, Planeten und der Mond in Kreisbahnen drehten. Dann wurde alles ganz anders. Die Scheibe wurde zur Kugel aufgeblasen, und erstaunlicherweise fiel dennoch niemand herunter. Das Himmelsgewölbe wurde gesprengt und die Sterne (außer der Sonne) in die Unendlichkeit geblasen. Und die gute alte Erde musste ihre Ruhe im Mittelpunkt des Universums aufgeben und wurde nicht mehr von Sternen, Sonne und Planeten ehrfurchtsvoll umkreist, sondern musste sich dazu bequemen, nunmehr ihrerseits um die Sonne nicht zu kreisen, sondern zu eiern. Nur der Mond blieb der Erde treu.

Freilich wissen wir, dass die Erde ein leicht unregelmäßiges Sphäroid (fast schon eine Kugel) ist und sich um die Sonne und gleichzeitig um sich selbst dreht. Und trotzdem geht jeden Tag die Sonne im Osten auf, und nach wie vor kreist das Firmament über unseren Köpfen.

In diesem Spiel wollen wir versuchen, ob es uns gelingt, Physik und Gefühl zu versöhnen.

Spielregeln

Suchen Sie sich einen Hügel, von dem aus Sie möglichst weit blicken können. Am besten ist die Zeit kurz vor und nach Sonnenuntergang. Blicken Sie in die Ferne, und versuchen Sie, die Krümmung der Erde wahrzunehmen. Machen Sie sich bewusst, dass Sie auf einer riesigen Kugel stehen, die durchs Nichts rast. Wie fühlt sich das an?

Dauer: 15 Minuten   *Schwierigkeitsgrad: IV*

Milliarden von Galaxien rasen seit dem Urknall mit ungeheurem Tempo auseinander – Punkte auf der Oberfläche des Ballons des sich aufblasenden Universums. In jeder dieser Galaxien kreisen wiederum Milliarden von Sonnen um das Zentrum ihrer Galaxie. Am Rand einer eher unbedeutenden Spiralnebelgalaxie glimmt ein eher unbedeutender, ganz gewöhnlicher Stern, um den sich ausgekühlte Materieklümpchen drehen. Das dritte dieser Klümpchen ist von einer hauchdünnen Gashülle umgeben. Auf der Oberfläche des Klümpchens bewegen sich unvorstellbar winzige Lebewesen aus Wasser und Kohlenstoff. Manche dieser Wesen denken über das Universum nach und blicken dabei in die unvorstellbare Weite des Raumes.

Die Erde umkreist mit etwa 30 km pro Sekunde (108 000 km/h) die Sonne, die sich mit 200 km pro Sekunde (720 000 km/h) um das galaktische Zentrum dreht. Wir sitzen ahnungslos in der kosmischen Achterbahn.

Im Verhältnis zur Erde sind wir so klein, dass wir die Krümmung des Planeten nur in ganz bestimmten Situationen erahnen können. Auch als ich abends auf einen Hügel steige, kommt mir die Erde noch flach vor. Die Sonne geht hinter ein paar Federwölkchen unter, und allmählich werde ich mir der Krümmung der Erde bewusst – ein Gefühl, das immer wieder, doch nur für Augenblicke aufblitzt. Es ist beinahe Vollmond, und die riesige Kugel des Mondes ist schon ein ganzes Stück über dem Horizont zu sehen. Der Mond ist so klar als Kugel zu erkennen, dass es plötzlich leichter wird, ein Gefühl für das dreidimensionale titanische Murmelspiel des Universums zu bekommen. Der Sternenhimmel war noch kurz zuvor eine schwarze Samtdecke mit kleinen Löchern darin. Hinter dieser schützenden Decke leuchtete das göttliche kosmische Licht und schickte Strahlen durch die Löcher. Doch nun weitet sich der Blick und gleitet in die schwarze endlose Tiefe des Raumes.

Das Gefühl der Tiefe, der Größe und der Verbundenheit füllt das ganze Bewusstsein aus. Doch dieser Zustand ist nicht dauerhaft; immer wieder kehrt der Geist in die gewohnte Bahn zurück. Der Verstand kann das Bewusstsein der ungeheuerlichen Winzigkeit des eigenen Seins kaum ertragen. Kaum, doch er kann es. Bei dem Versuch jedoch, das Rasen und Wirbeln der Erde um die Sonne, der Sonne um die Galaxis, der Galaxis im Kosmos zu erkennen, versagt die Vorstellung.

Spiel 7 Das Transvestiten-Spiel

Der wahre Schauspieler ist von der unbändigen Lust getrieben, sich unaufhörlich in andere Menschen zu verwandeln, um in den anderen am Ende sich selbst zu entdecken.

Max Reinhardt

Mitten im Pleistozän, vor einer halben Million Jahren, überkam den Homo habilis, den Vorfahren des heutigen Menschen, das Bedürfnis, seinen Leib mit Teilen anderer Lebewesen zu bedecken (eine Gewohnheit, die er, nebenbei bemerkt, mit den Einsiedlerkrebsen teilt). Die Temperaturen der Eiszeit, verbunden mit dem Klima wenig angemessenen Wanderungen gen Norden, machten die Kleidung zur Lebensnotwendigkeit. Der Pelzmantel ward erfunden.

Irgendwann sind wir dann bei Stöckelschuhen und Krawatten angekommen. Offenbar ist Kleidung heute mehr als nur ein Ersatz für das verlorene Fell. Die verschiedenen Kulturen, Subkulturen und sogar die einzelnen Persönlichkeiten spiegeln sich in dem wider, mit dem wir uns verhüllen. Der unverhüllte Körper ist nicht gesellschaftsfähig.

Kleidung, Persönlichkeit und Rolle in der Gesellschaft stehen miteinander in Verbindung. Stellen Sie sich einen Moment lang einen Bürgermeister in Minirock und Zylinder oder eine Firmenchefin in alten Turnschuhen und Pyjama vor. Natürlich ist der Anblick ungewohnt. Doch da ist mehr. Wir sehen die Persönlichkeiten in einem anderen Licht. Spüren Sie nicht einen gewissen Widerstand, ganz andere als Ihre gewohnte Kleidung zu tragen? Oder eine gewisse Lust?

Spielregeln

Ziehen Sie Kleidung an, die Sie sonst niemals anziehen würden. Betrachten Sie sich im Spiegel. Wenn Sie ganz mutig sind, gehen Sie durch die Stadt und beobachten die Blicke der Menschen und das Getuschel hinter Ihrem Rücken. Vor allem aber achten Sie auf Ihre eigenen Gefühle. Was denken, fühlen, entdecken Sie selbst, wenn Sie sich verkleiden?

Dauer: 1 Stunde *Schwierigkeitsgrad: II*

Für dieses Spiel wäre natürlich eine Großfamilie – und der Zugang zu sämtlichen Kleiderschränken – von unschätzbarem Wert. Doch selbst als Großstadtsingle können Sie spielen und entdecken, wie Kleidung das Bewusstsein beeinflusst.

Nehmen Sie alle Kleidungsstücke, die Sie haben, und spielen Sie den verrückten Modezaren: Kombinieren Sie alles mit allem, tragen Sie ein Bettlaken als Toga, ziehen Sie unter der Hose oder dem Rock (oder der Toga) keine Unterhose an – vielleicht aber darüber. Machen Sie aus einem Handtuch einen Turban, tragen Sie ein Kopftuch unter dem Hut oder setzen Sie ein albernes Käppchen auf.

Schon das Verkleiden kann unheimlich Spaß machen, wie Ihnen gewiss jedes Kind bestätigen kann. Noch interessanter wird es, wenn Sie sich nach jedem Kleidungswechsel eingehend vor dem Spiegel betrachten und in Ihrer Wohnung das Gewohnte in ungewöhnlicher Kleidung tun. Mit etwas Mut wagen Sie vielleicht sogar einen Spaziergang. Und dann achten Sie auf Ihre Gefühle und Gedanken.

»Ein Rock sieht einfach unmännlich aus.«

»Anzug und Krawatte lassen mich intelligenter und erfolgreicher aussehen.«

»Anzug und Krawatte sehen spießig aus.«

»Ich trage nicht so gern bunte, auffällige Kleidung.«

Den Gedanken nachzugehen kann sehr erhellend sein. Vor allem dann, wenn wir nicht den ausgetretenen Pfaden des logischen, analysierenden Denkens folgen, sondern den Gefühlen. Freilich bringt auch das bloße Nachdenken über das wunderliche Treiben der Mode Einsichten. Schnell werden Absonderlichkeiten, kulturelle Zwänge und Vorurteile deutlich. Beispielsweise würde ein Schotte wohl vehement gegen die Behauptung protestieren, ein Rock sei unmännlich.

Folgen wir unseren Gefühlen, die auftauchen – sobald wir uns in ungewohnter Hülle erleben, kommen wir auf ganz neue Fragen. Wir mögen es verstehen, dass wir den Rock wohl nur als unmännlich empfinden, weil wir so selten Männer in Röcken sehen. Aber selbst dann: Warum könnte uns das irgendwie stören? Warum sollte es einem Mann schwer fallen, im Rock auf die Straße zu gehen?

Jedes Kleidungsstück, jeder Kleidungsstil löst unwillkürlich Reaktionen in uns aus. Reaktionen, die nicht wirklich mit objektiven Eigenschaften der Kleidung zu tun haben, sondern mit fast schon magischen Zuschreibungen der Bedeutung von Textilien.

Bis heute gilt Transvestismus (das Tragen von Kleidern des anderen Geschlechts) in manchen »zivilisierten« Ländern als Straftat, wie natürlich auch der völlige Verzicht auf Verhüllung.

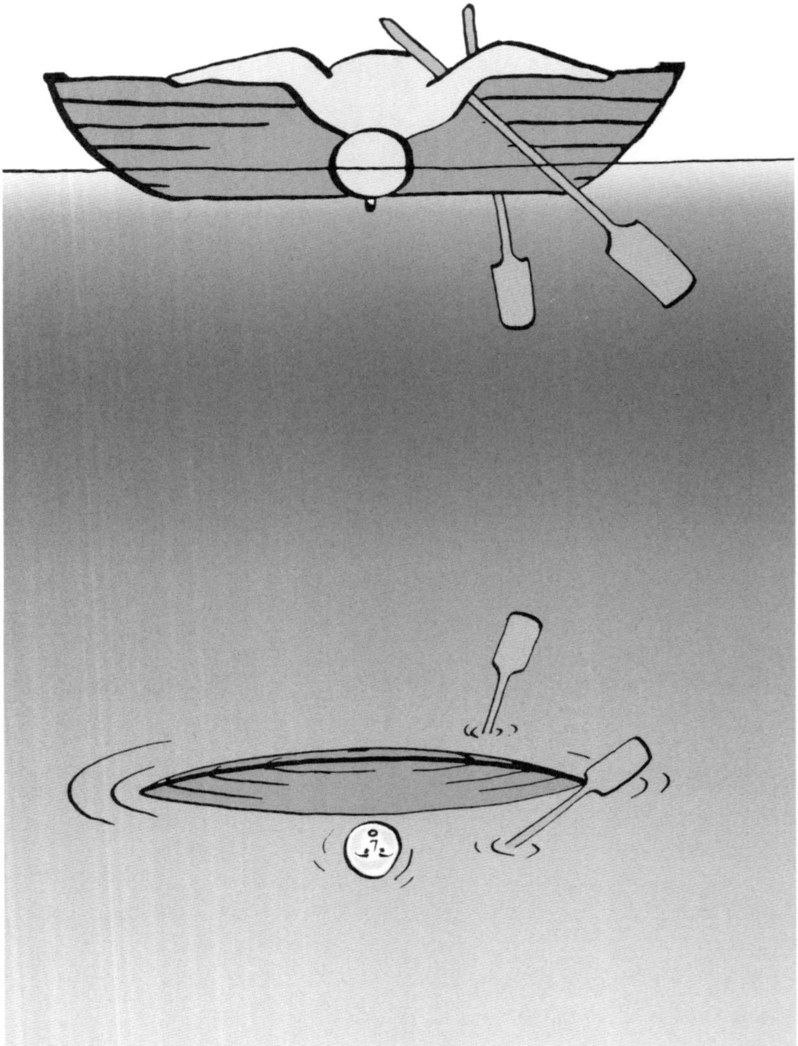

Einsicht ins Ich

Betrachten wir uns selbst. Wen sehen wir? Uns selbst. Und wer sieht? Ebenfalls wir selbst. Wer sind wir wirklich – der Betrachter, der Betrachtete, beides oder keines von beidem?

Die Frage nach dem Wesen des Bewusstseins, die damit zusammenhängt, ist komplizierter, als es auf den ersten Blick scheint. Die naive Sicht geht davon aus, dass es zwei grundlegend unterschiedliche Formen des Seins gibt: Materie und Geist. Diese Vorstellung nennt man »Dualismus«.

Nun gibt es aber mit dem Dualismus ein paar Schwierigkeiten. Eine davon ist die Frage, wie denn Geist und Materie sich beeinflussen können – wenn doch der Geist nicht materiell ist, nicht räumlich und womöglich nicht einmal zeitlich? Der Philosoph Descartes, der durch seine zweifelhafte Methode des Zweifels zu dem Schluss kam »ich denke, also bin ich«, musste zu dem verzweifelten Kunstgriff Zuflucht nehmen, ein spezielles Organ als Schaltstelle zwischen Geist und Materie zu behaupten. Er wählte – wahrscheinlich, weil er keine Ahnung hatte, zu was sie gut sei – die Zirbeldrüse.

Ob wir nun sind, weil wir denken, weil wir fühlen, weil wir atmen oder gerne Mozart hören – immer setzt das »ich denke«, »ich fühle«, »ich atme« oder »ich höre« das Ich schon voraus. Aber näher sind wir diesem geheimnisvollen Wesen dadurch noch nicht gekommen.

In den nächsten sieben Abenteuern wollen wir das anatomisch Unmögliche versuchen und unseren Blick nach innen wenden und sehen, ob wir dort das Ich finden.

Spiel 8 Zeitstück

Wir müssen die Dinge lustiger nehmen, als sie es verdienen;
zumal wir sie lange Zeit ernster genommen haben, als sie es verdienen.

Morgenröte 567
Friedrich Nietzsche

Versuchen wir, herauszufinden, was die Zeit ist. Zeit … ist das, was die Uhr anzeigt. Vermutlich denken Sie, dass es sehr leicht ist, eine bessere Definition zu finden. Nun gut, versuchen Sie es:

- Zeit ist der Fluss des Lebens.
- Zeit ist das, was Anfang, Ende und das dazwischen unterscheidet.
- Zeit ist der Strom, in dem das Bewusstsein schwimmt.
- Zeit ist die Richtung der Entropie.
- Zeit ist eine Illusion.
- Zeit ist der Spiegel Gottes.
- Zeit ist die vierte Dimension.

Vielleicht spüren Sie inzwischen, dass die Zeit nicht so leicht fassbar ist. Hat unser Bewusstsein eine Ausdehnung in der Zeit? Ist alles Leben eine Bewegung mit der/durch die/in der Zeit? Die übliche Vorstellung ist die einer feststehenden Vergangenheit, einer flüchtigen Gegenwart und einer unbestimmten Zukunft. Spielen wir doch einmal das Spiel, Zeit – und uns in der Zeit – ganz anders zu betrachten.

Spielregeln

Normalerweise sehen Sie sich dreidimensional. Versuchen Sie einmal abwechslungshalber, ob es Ihnen gelingt, sich selbst vierdimensional zu betrachten: Ihr Ich in Vergangenheit, Gegenwart oder Zukunft – als unbewegliches Raumzeitmuster. Die Zeit ist die vierte Dimension. Um eine wirkliche visuelle Vorstellung zu bekommen, ersetzen Sie die Raumdimension »Tiefe« durch »Zeit«.

Dauer: 15 Minuten *Schwierigkeitsgrad: IV*

Sie glauben, sich in der Welt, dem dreidimensionalen Raum, zu bewegen und gleichzeitig in eine vorgegebene Richtung durch die Zeit. In dieser Vorstellung ist nur der Augenblick real – die Vergangenheit ist vergangen und die Zukunft noch nicht gekommen. Es gibt jedoch auch andere Möglichkeiten, die Welt zu sehen.

Stellen Sie sich vor, Sie wären eine Figur in einem Film. In einem ganz besonderen Film: dem Film Ihres Lebens, der mit Ihrer Geburt begann und mit Ihrem Tod enden wird. Sie erleben nacheinander die Ereignisse in Ihrem Leben. Nie wissen Sie, was kommen wird. Sie stehen vor Entscheidungen und treffen sie nach bestem Wissen. Sie leiden, trauern, freuen sich, spielen philosophische Spiele … Und doch ist der Film von Anfang an als Ganzes da.

Der Mystiker Meister Eckhart sagte es etwas anders: »Alles, was je geschah vor tausend Jahren, der Tag, der vor tausend Jahren war, der ist in der Ewigkeit nicht ferner, als diese Stunde, wo ich jetzt stehe, und der Tag, der nach tausend Jahren kommen wird oder soweit du zählen kannst, der ist in der Ewigkeit nicht ferner als diese Stunde, worin ich jetzt stehe.«

Diese Vorstellung ist manchen Menschen unangenehm. Es scheint, als ob der freie Wille ausgeschaltet sei, wenn doch von Anfang an alles feststeht. Mir scheint, dass das ein Missverständnis des freien Willens ist: Wir machen uns Gedanken, wägen ab und treffen eine Entscheidung. Dass wir dies fühlen, ist der freie Wille – was sollte er sonst bedeuten: dass unsere Entscheidungen grundlos, zufällig, aus dem Nichts entstehen?

Wir können die Welt als eine vierdimensionale Filmrolle sehen. Stellen Sie sich vor, die einzelnen Bilder würden auseinander geschnitten und auf einen Stapel gelegt. Sie sind nun ein »vierdimensionaler Wurm«, der in den Stapel eingebettet ist. Alles ist auf einmal da. Nichts wird, nichts vergeht. Ihre Bewegung durch die Welt ist lediglich die Bewegung Ihres Bewusstseins durch diesen Block.

Höchstwahrscheinlich sträubt sich alles in Ihnen, diese neue Sichtweise zu akzeptieren. Und doch ist sie mindestens ebenso »wahr« wie der gewohnte Blick auf Welt und Zeit. Und sie hat den Vorteil, den Weg zur Gelassenheit zu erleichtern. Und das ist eigentlich seltsam, denn es ändert sich nichts. Nach wie vor leiden, lieben, hoffen, fürchten, planen, wollen wir. Unsere Zukunft bleibt uns ungewiss, selbst wenn sie gewiss ist. Doch das Bild eines in sich ruhenden, vollkommenen Universums, das wie ein unzerstörbarer Edelstein in den Dimensionsfalten glänzt, hat etwas sehr Friedliches.

Spiel 9

Schwere Erleichterung

Des Narren Geschenk wird dir nicht viel frommen; denn mit einem Auge gibt er,
und mit sieben Augen siehet er, was er dafür kriege.

Jesus Sirach 20, 14

Ich bin mir sicher, dass Sie, selbst wenn Sie beliebig viel Zeit haben und sich alle Mühe geben, nicht all die Dinge aufzählen können, die Sie besitzen. Vielleicht nicht einmal alles, was eine einzige Schublade enthält. So viele bunte Dinge bietet die Welt, Sachen, die wir haben wollen. Oder zumindest glauben, sie haben zu wollen.

Über einige unserer Besitztümer freuen wir uns besonders. Ganz besonders aber über solche, an die schöne Erinnerungen geknüpft sind. Dies sind unsere wertvollsten Schätze – ihr Wert ist nicht in Geld aufzuwiegen. Auch wenn sie in der Außenwelt (beim Pfandleiher) nichts bedeuten, so haben sie in unserer Seelenwelt eine umso größere Bedeutung.

Mitunter kann ein Gegenstand für uns so bedeutsam werden, dass er zu einem Teil von uns wird – und wir ein Teil von ihm. Die Redewendung »das ist mir ans Herz gewachsen« zeigt, wie eng die Bande zwischen Sache und Seele sein können.

Doch sind es tatsächlich Dinge, die uns so viel Wert sind? Oder sind es die Erinnerungen und Gefühle, die wir mit ihnen verbinden? In diesem Spiel wollen wir herausfinden, wie fest Dinge an unserer Seele haften.

Spielregeln

Dieses Spiel scheint eines der einfachsten, ist aber vielleicht eines der schwierigsten. Es besteht nur darin, jemandem etwas zu schenken. Es muss nichts Teures sein und nichts, das Sie erst selbst basteln oder nach dem Sie lange suchen müssten. Zu einfach? Nun, nicht ganz: Verschenken Sie etwas, dass Sie sehr, sehr gern haben, woran Ihr Herz wirklich hängt. Immer noch zu einfach?

Dauer: 1 Sekunde   *Schwierigkeitsgrad: III–IV*

Es geht nicht darum, dass das Geschenk einen hohen materiellen Wert hat. Es ist für dieses Spiel nicht einmal wichtig, ob der Beschenkte das Geschenk und seine besondere Bedeutung für Sie zu schätzen weiß. Nur eines zählt: Das, was Sie verschenken, sollte Ihnen ganz persönlich lieb und teuer sein.

Sobald Sie beginnen darüber nachzudenken, was von Ihrem Besitz Sie weggeben könnten, wird ein Teil in Ihnen äußerst aktiv werden. Wahrscheinlich meldet sich zunächst einmal eine innere Stimme, die den Sinn des Spieles anzweifelt. Möglicherweise ist sie aber subtiler und legt Ihnen nahe, das Ganze einfach zu lesen und im Geist durchzugehen, sich vielleicht ein paar Gedanken dazu zu machen und dann weiterzulesen. Es ist nicht leicht, sich gegen diese Stimme durchzusetzen.

Doch vielleicht gelingt es. Sie überlegen nun ernsthaft, an was Ihr Herz hängt und was Sie dennoch verschenken. Sofort beginnen sich die Gedanken zu verwirren. Etwas, das gerade noch als sehr wertvoll angesehen wurde, scheint plötzlich nicht mehr ganz so wertvoll – und genügt damit nicht den Anforderungen des Spiels. Als Geschenk kommt es also nicht in Frage. Sie erkennen, worauf diese Gedanken hinauswollen?

Einige Dinge, die zu Ihrem täglichen Leben gehören, sind einfach materiell zu wertvoll oder sind Geschenke, die man nicht weiterverschenken kann. Dann wendet sich der Blick anderen Dingen zu, die zunächst nicht so begehrenswert erschienen. Doch jetzt, wo sie verschenkt werden sollen, gewinnen sie mit einem Mal an Wert. Möglicherweise finden Sie dabei ein Geschenk. Wahrscheinlicher ist aber, dass ein Kreislauf entsteht: Der Wert, den Sie einem Ding zumessen, verändert sich während des Betrachtens ständig.

Die Gedankenflut, die uns erklärt, warum wir dies und jenes nicht verschenken können, brandet hoch. Nach einer Weile lässt die Flut nach. Wenn sie sich zurückzieht, stehen wir nackt vor der Tatsache, dass wir enger mit den Dingen verbunden sind, als wir es wahrhaben wollen.

Die Bilder, die ich male, male ich für mich. Jedes einzelne ist wie ein Teil von mir. Als ich dieses Spiel spiele, wird mir schnell klar, dass ich eines verschenken werde. Aber welches? Die ersten beiden, die mir in den Sinn kommen, gefallen mir, wenn ich aufrichtig bin, am wenigsten. Aber mein Lieblingsbild verschenken? Nach langer Zeit gebe ich mich geschlagen. Ich habe mein Lieblingsbild nicht verschenkt. Aber auch nicht eines der schlechtesten. Immerhin.

Spiel 10

Beelzebubs Rechtsbeistand

Diejenigen aber, welche zum Glück der Erkenntnis gelangt, über die Gegensätze erhaben und frei von Selbstsucht sind, diese erschüttert weder Glück noch Unglück irgendwann.

Mahâbhârata 12

An kaum etwas hängen Menschen so sehr wie an ihren Meinungen. Mitunter glauben Menschen sogar, sie *seien* ihre Meinung: Sie identifizieren sich mit dem, was sie als ihre Meinung bezeichnen. Und indem sie dies glauben, beginnen sie, ein wenig Recht damit zu haben.

Die Welt ist unsere Vorstellung von der Welt. Und unsere Meinungen darüber, wie die Welt beschaffen ist, formen unsere Vorstellung. Kein Wunder, wenn bei manchen Menschen eine große Angst auftaucht, wenn ihre Meinungen bedroht sind. Sie fürchten, dass sich ihre Vorstellungen ändern und ihre gewohnte Welt aus den Fugen geraten könnte, wenn sie ihre Meinung loslassen. Und damit haben sie ganz Recht.

Die Frage ist nur, ob denn diese Veränderung der Welt wirklich zu fürchten ist? Meinungen sind Filter zwischen Bewusstsein und Realität, die so verwirrend bunt ist, dass wir offenbar Filter benötigen, um nicht überwältigt zu werden. Und so versuchen wir, Ordnung ins Chaos zu bringen, indem wir Teile davon ausblenden.

Taugen Meinungen als Filter? Spielen wir ein wenig mit unseren Meinungen. Mit ein bisschen Glück werden wir unsere gewohnte Welt zum Einstürzen bringen.

Spielregeln

Suchen Sie sich eine These, Lehre, Ansicht, die Sie wirklich glauben (aber nicht unbedingt Ihre Religion). Versuchen Sie nun, das Gegenteil von dem zu glauben, was Sie glauben. Suchen Sie Argumente, mit dem Sie jemandem, der diesen Glauben hat, vom Gegenteil überzeugen könnten.

Dauer: 10 Minuten *Schwierigkeitsgrad: III*

Kann man überhaupt glauben, was man nicht glaubt? Das scheint doch zunächst einmal ein Widerspruch zu sein. Vielleicht klingt es anders besser: Man kann einen anderen Standpunkt einnehmen, von dem aus man einen anderen Blickwinkel auf die Dinge hat.

Vielleicht befremdet es Sie dennoch, wenn ich Sie auffordere, Ihre eigenen Ansichten zu widerlegen. Sie haben sich ja nicht ohne Grund Ihre Anschauungen angeeignet.

Ansichten bilden sich Menschen in der Regel durch Erfahrung. Erfahrungen »beweisen«, dass etwas so oder so ist. Dabei gibt es nur zwei Probleme: Etwas zu beweisen ist schwieriger, als man denken mag. Und zweitens ist die Erfahrung nicht nur ein Fluss, sondern auch ein Filter. Alles, was wir erfahren, durchläuft den Filter früherer Erfahrungen. Je mehr Erfahrung wir besitzen, desto schwieriger wird es, Neues angemessen einzuordnen. Es ist bekannt, dass junge Assistenzärzte leichter seltene und ungewöhnliche Krankheiten erkennen als erfahrene Professoren – ihnen steht nicht so viel Erfahrung im Weg, die ihre Wahrnehmung in bestimmte Bahnen lenkt.

Haben wir eine Meinung, werden alle konkurrierenden Meinungen anhand dieser Meinung überprüft. Das hört sich gut an – mehr, als dass wir unsere Meinungen ständig überprüfen, kann man wohl nicht verlangen. Nur prüfen wir eben Meinungen anhand dieser Meinungen. Das funktioniert nun aber leider nicht. Unser Unterbewusstes setzt »Tricks« ein, um unser Weltbild zu stabilisieren. Informationen, die die eigene Auffassung bestätigen, bestärken die Meinung. Doch entgegengesetzte Auffassungen ebenfalls: indem die Informanten als unglaubwürdig, ideologisch belastet oder falsch informiert betrachtet werden.

Wenn Sie versuchen, diesen Filter zu umgehen und bewusst nicht nach bestätigenden Aussagen (z. B. bestätigt die Beobachtung »Die Sonne geht im Osten auf und sinkt im Westen« die Meinung, dass die Sonne um die Erde kreist), sondern nach widersprechenden suchen, werden sich schnell neue Erkenntnisse einstellen. Das heißt nicht, dass Sie eine andere Meinung einnehmen und Ihre alte Meinung aufgeben. Sie verlieren nichts, sondern gewinnen nur, wenn Sie aktiv versuchen, Argumente für die *Gegenposition* zu finden – und nicht gleich versuchen, sie zu widerlegen.

Spielen Sie den *advocatus diaboli*, versuchen Sie alle Ihnen zugänglichen Argumente für die Gegenposition zu finden. Dann ist wirklich klar, wo die Stärken und Schwächen *beider* Positionen liegen – und Sie können sich nicht nur eine fundiertere Meinung bilden, sondern auch die Gegenposition eher ins Wanken bringen. Ich möchte auch darauf wetten, dass Sie dann den Standpunkt des anderen besser verstehen und ihm deshalb verständnisvoller begegnen können. Was wahrscheinlich mehr Probleme löst als eine noch so feste Überzeugung.

Spiel 11 Immer wieder ich

Ich bin ein Teil des Teils, der anfangs alles war,
ein Teil der Finsternis, die sich das Licht gebar,
das stolze Licht, das nun der Mutter Nacht
den alten Rang, den Raum ihr streitig macht.

Faust 1, Studierzimmer
Johann Wolfgang von Goethe

Eines der Worte, die in Gesprächen am häufigsten auftauchen, ist das Wort »ich«. Ein eigentümliches Wort. Während sich alle anderen Worte gewissermaßen »neutral« gegenüber dem Benutzer verhalten und (theoretisch) alle Menschen das Gleiche damit bezeichnen, hat das Wort »ich« eine Sonderstellung. Jeder versteht etwas anderes darunter. Oder doch in gewisser Weise dasselbe? Den Standpunkt der eigenen Person, doch dazu wäre kein besonderes Wort nötig. Ob ich sage: »Ich schreibe diese Zeilen« oder »Aljoscha schreibt diese Zeilen«, bezeichnet doch dieselbe Person als Täter.

Doch der eigene Standpunkt ist ein privilegierter. Das Wort »ich« lenkt das Bewusstsein in eine andere Richtung. Der Name (Aljoscha) ist der öffentliche Blick von außen auf das Äußere – die privilegierte Form (ich) ist der private Blick von einem einzigartigen Standpunkt aus von innen her auf das Innere.

Doch dringt der Blick meist nicht zu tief. Vielleicht wäre es einmal ganz interessant, den Blick für eine Weile vom Inneren abzuwenden. Doch wie sollte das geschehen? Wie sollte ich nicht »ich« denken? Nun gut. Dann denken Sie eben »ich«.

Spielregeln

Anstatt zu analysieren, was »Ich« ist, anstatt darüber nachzudenken oder auch nur nachzufühlen, probieren Sie in diesem Spiel etwas ganz anderes: Wiederholen Sie »ich«. Langsam, gleichmäßig, am besten mit normaler Stimme. Ich – Ich – Ich – Ich – Ich – Ich – Ich – Ich – … bis Ihr Ich verschwindet.

Dauer: 5 Minuten *Schwierigkeitsgrad: II*

Das Ich ist schwer in Frage zu stellen. Denn wer würde die Frage stellen? Und wem? Eben!

Ich, ich, ich, ich, ich … und schon ist das Spiel langweilig. Wirklich öde. Was soll mir das Spiel sagen, das ich noch nicht kenne? Ich, ich, ich … vielleicht sage ich es zu häufig. Im Moment bestimmt. Ich denke und sage »ich« und bin mir ganz bewusst, dass ich damit mich meine. Das ist doch nicht so kompliziert, oder?

Doch je länger das Spiel dauert, desto häufiger tauchen – ganz kurz aufblitzend – andere Gefühle auf. Das seltsamste davon ist der Zweifel. Spreche ich das Wort wirklich richtig aus? Gibt es dieses Wort wirklich? Tatsächlich bin ich mir für Sekundenbruchteile nicht sicher. Manchmal sind es auch mehr als nur Sekundenbruchteile.

Ich spüre den Wechsel von dem klingenden Vokal zu dem Reibelaut. Ein kurzes Vibrieren, dann eine Art Zischen. Kann das so stimmen? Das klingt doch gar nicht nach einem richtigen Wort!

Diese Dinge denke ich in dem Moment, in dem ich spiele, nicht klar formuliert oder auch nur völlig bewusst. Es sind kurze Gefühle des Zweifelns und der Verwunderung. Doch manchmal ist das Gefühl so stark, dass die Litanei leicht ins Stocken gerät. In diesen Augenblicken habe ich überhaupt keine Ahnung mehr, was dieses Mantra »ich«, das ich spreche, bedeuten soll.

Langsam schwinden aber auch diese Gefühle. Das »ich«-Sagen hat sich automatisiert. Es ist wie ein Mantra, wie eine geheimnisvolle Beschwörungsformel, deren Bedeutung mir im Moment entfallen ist. Die starke Verbindung des Wortes mit dem, was es bezeichnen soll, beginnt sich aufzulösen. Bin mit »ich« wirklich ich gemeint?

Es ist, als wäre ein Teil von mir losgelöst von dem Teil, der sitzt, atmet, das »Ich«-Spiel spielt. Doch dieser losgelöste Teil betrachtet nur, ohne zu bewerten oder, wie ein Mikrofon und ein Lautsprecher bei einer Rückkoppelung, sich selbst zu verstärken. Dieser Teil ist rückkoppelungsfrei. Er verbiegt sich nicht, um sich selbst ins Auge zu blicken. Dieser Teil ist einfach.

Inzwischen ist der Laut wirklich völlig bedeutungslos geworden. Jemand murmelt leise monoton vor sich hin. Es ist wie Schweben. Und sehr angenehm. Für wen?

Wo war das Ich? War es eher der Teil, der »ich« sagte, oder der Teil, dem die Bedeutung von »ich« unbekannt war? Ich, der ich »ich« sage, habe paradoxerweise das Gefühl, dass es der Letztere ist.

Spiel 12

Spieglein, Spieglein an der Wand …

Werke von großen Geistern sind Spiegel: Wenn ein Affe hineinguckt, kann kein Apostel heraus sehen.

Georg Christoph Lichtenberg

Spiegel sind geheimnisvolle Fenster in eine Welt, die auf den ersten Blick wie unsere Welt aussieht. Doch bei näherem Hinsehen können wir feststellen, dass einige Kleinigkeiten anders sind. Bedeutsame Kleinigkeiten. So können wir beispielsweise die Schrift dieser Welt nur mit Mühe lesen – wenn überhaupt.

Soweit wir sehen, hat alles in der Spiegelwelt sein Gegenstück in unserer Welt. Doch wir können das Fenster in die Spiegelwelt nicht öffnen, und so bleibt uns verborgen, was außerhalb unseres engen Gesichtsfeldes geschieht. Was ist an den Stellen im Spiegelland, die wir nicht sehen können? Vielleicht geschehen dort unglaubliche Dinge, und die Welt ist von unglaublichen Wesen bevölkert, die sich, um uns zu verhöhnen, immer außerhalb des Blickfeldes der Fenster in ihre Welt halten?

Woher zum Teufel weiß mein Spiegelzwilling, wann ich in den Spiegel sehe? Stets ist er da, wenn ich da bin, und äfft mich frech nach.

Und warum sind im Spiegel rechts und links vertauscht, nicht aber oben und unten? Die Welt ist voller Rätsel …

Spielregeln

Alles, was Sie brauchen, ist ein Spiegel. Stellen Sie sich davor. Sehen Sie sich an. Wer sieht Ihnen da entgegen? Kennen Sie diesen Menschen? Können Sie über ihn lachen? Lachen Sie sich vor dem Spiegel aus! Aber nicht boshaft – sondern voller Sympathie und Heiterkeit. Sie werden sehen: Ihr Spiegelbild ist Ihnen nicht böse, sondern lacht mit Ihnen.

Dauer: 3 Minuten *Schwierigkeitsgrad: II*

Lachen ist eine geheimnisvolle Sache. Es hat darin mit der Mystik einiges gemeinsam. Beides bedarf nicht nur keiner Erklärung, sondern sogar der Versuch, eine Erklärung zu finden, entfernt uns von dem, was wir erklären wollen. Das Dao, die Erleuchtung, die Begegnung mit Gott erklären zu wollen gleicht dem Versuch, einen Witz zu erklären: Es ist sinnlos. Die Gelehrten, die über Mystik schreiben, sind in der Regel keine Mystiker. Die Gelehrten, die über das Wesen des Humors schreiben, sind in der Regel humorlos. Wie sähe wohl ein Land aus, in dem niemand lachte?

In Serenia war das Lachen unbekannt. Das heißt: nicht ganz. Es gab einige seltsame Menschen, die dann und wann aus unerfindlichem Grund seltsame Laute ausstießen und das Gesicht verzogen. Dabei schienen sie sich außerordentlich wohl zu fühlen. Sie behaupteten, dass es eine geheimnisvolle Kraft, den »Humor« gebe, der sie zum »Lachen« bringe. Natürlich nahm das kein vernünftiger Mensch ernst, und man betrachtete diese Menschen als harmlose Irre. Doch die »Humos«, so nannte man die Irren, hatten auch Anhänger. Es bildeten sich Gruppen, die an den Humor glaubten und in den Humo-Meistern große Weise sahen. Merkwürdigerweise begannen die Meister jedes Mal, wenn sie von einem ihrer Anhänger aufgesucht wurden, zu lachen und meinten – wider jede Vernunft –, dass es da nichts zu erklären gebe. Es sei doch ganz offensichtlich.

Die Humoristen (diejenigen, die an Humor glaubten) gründeten Klöster, wo von morgens bis abends Lachübungen veranstaltet und Witzelesungen abgehalten wurden. Ein gelehrter Humoristenmönch schrieb das viel beachtete Werk »Über das wahre Wesen des wirklichen Witzes«, das immer mehr Menschen in die Klöster zog.

Die Humo-Meister waren allerdings nicht so leicht bereit, jemanden in ihre Reihen aufzunehmen. Sie behaupteten, dass das geübte Lachen nur künstlich und die Witze langweilig seien; einige gingen sogar so weit, zu sagen, dass der gesamte Humo-Glaube, die Klöster, die Übungen und Lesungen alles Unsinn seien. Andere meinten, all das sei zwar ganz nett und schön – doch es gehe am Wesen des Humors vorbei. Und so bildeten sich mehrere Schulen: Die Humosophen und die Humophilen, die Humoranten und die Lachenden Einsiedler.

Doch das wirkliche Lachen fanden nur wenige.

Eigentlich kann man über alles lachen. Lachen ist Freude. Lachen befreit uns. Und über uns selbst zu lachen, befreit uns ganz besonders. Wie leicht werden wir, wenn wir uns nicht so schwer nehmen!

Spiel 13

Tierisch

Mensch, erhebe dich nicht über die Tiere:
Sie sind sündlos, du aber mit deiner Erhabenheit befleckst die Erde.

Die Brüder Karamasow VI, 3
Fjodor Michailowitsch Dostojewski

Das Leben auf unserem Planeten ist so bunt und vielfältig, dass wir von Staunen überwältigt werden können, wenn wir nur genau hinsehen. Die Lebensformen sind wunderlicher, als wir sie uns, selbst in unseren kühnsten Fantasien, vorstellen könnten – und wären wir auch so begnadete Maler wie Hieronymus Bosch. Die Natur ist einfallsreicher als wir. Kraken, Tiefseefische, Giraffen, Geweihkäfer, Grottenolme, Schleimpilze, Seepferdchen, Fledermäuse, Elefanten, Nacktmulle, Faultiere, Schmetterlinge, Uhus … Wem fällt so etwas nur ein?

Wie ist es mit Hunden, Katzen, Pferden, Löwen, Delfinen und anderen – wenn auch nur aus Zeichentrickfilmen oder Fernsehserien – vertrauteren Tieren? Sind sie nicht ebenso erstaunlich? Und jedes Exemplar jeder Tierart ist ein Individuum. Wie jeder von uns.

In jedem Tier können wir etwas Menschliches entdecken, da in jedem von uns auch etwas Tierisches ist. Wir sehen im Tier unsere eigenen Eigenschaften, gute wie schlechte. Meist sind es die guten. Zwar ist die Hyäne feige und der Fuchs verschlagen – doch im Hund sehen wir die Treue, in der Katze die Unabhängigkeit, im Adler die Freiheit, im Löwen den Mut, im Affen die Klugheit, im Delfin die Weisheit. Was sehen wir in uns?

Spielregeln

Stellen Sie sich vor, Sie wären ein Tier. Homo sapiens sapiens (der weise weise Mensch) zählt hier ausnahmsweise nicht. In welchem anderen Tier könnten Sie sich Ihre Seele vorstellen? Welches Tier wären Sie, wenn Sie ein Tier wären? Welche Eigenschaften dieses Tieres haben Sie? Und welche hätten Sie gern?

Dauer: 8 Minuten *Schwierigkeitsgrad: I*

Unser Verstand betrachtet das Spiel vielleicht zunächst als ziemlich sinnlos – schließlich kann jede Eigenschaft, die wir in einem Tier sehen, doch nichts anderes sein als unsere Vorurteile und Projektionen.

Und doch lässt sich kaum leugnen, dass jedem von uns manche Tiere sympathischer sind als andere. Nacktmulle dürften wahrscheinlich nur bei wenigen Menschen tiefe Sympathie auslösen; Delfine haben da schon bessere Karten. Selbstverständlich sind es unsere eigenen Vorstellungen, die uns ein Tier sympathisch oder unsympathisch erscheinen lassen – aber gerade diese Vorstellungen sind interessant. Zu leugnen, dass wir in Tieren mehr sehen als biologische Maschinen, macht uns gewiss nicht weiser. Tiere sind neben den biologischen Individuen auch Symbole, die für bestimmte Eigenschaften in uns stehen; Symbole, die wir direkter und emotionaler spüren als die Symbole der Sprache.

Welches Tier wären Sie gern? Selbst wenn Sie immer noch skeptisch sind: Macht es wirklich *überhaupt* keinen Unterschied, ob Sie sich selbst als Fliegenmade oder Tiger visualisieren?

Merkwürdigerweise sind die ersten Tiere, die mir bei diesem Spiel einfallen, Fabeltiere: Einhorn und Drache. Ich entscheide mich für den Drachen – natürlich nicht den bösen, der sich von Jungfrauen ernährt, von Helden verfolgt und dann umgebracht wird, sondern ein chinesischer Glücksdrache. Wenn ich nun die zwei Fragen beantworte, die dieses Spiel interessant machen, tauchen sofort einige Einsichten auf. Welche Eigenschaften des Drachen habe ich? Und welche hätte ich gern?

Sofort fällt mir auf, dass all die Dinge, die ich mit dem Drachen verbinde – Fantasie, Abenteuer, Magie, Fliegen –, allesamt auf etwas hinweisen, was ich gerne hätte, könnte oder wäre. Der Drache ist mehr mein Ideal oder mein Weg als das, was ich bin. Er symbolisiert vielleicht meine Aufgaben im Leben und wie ich ihnen begegnen sollte. Mehr wie der Drache werden: mehr Abenteuer, mehr Magie, mehr Fliegen ins Leben bringen. Ja, das *wäre* ich gern. Welches Tier *bin* ich dann?

Das ist schon viel schwieriger. Doch langsam tauchen Bilder aus der Tiefe auf und mit ihnen neue Erkenntnisse. Zunächst denke ich an den Delfin – doch auch er symbolisiert mehr das Ideal. Der Affe? Schon eher. Aber welcher? Ja! Der Orang-Utan. Er ist in der Regel friedlich, ein wenig in sich gekehrt und genießt die Früchte, die der Urwald ihm darbietet, während er sich von Baum zu Baum schwingt und mit erstaunten Augen in den Dschungel blickt.

Ich bin also ein Orang-Utan. Das fühlt sich gar nicht mal so schlecht an.

Spiel 14

Wenn der Postmann keinmal klingelt

Der Brief ist eine Art von Selbstgespräch. Oft wird ein Freund, an den man schreibt, mehr der Anlass als der Gegenstand des Briefes.

Winckelmann und sein Jahrhundert, Winckelmann Briefe an Berendis
Johann Wolfgang von Goethe

Der Brief gehört zu den bedrohten Arten. Briefe zu schreiben ist eine aussterbende Kunst. Wozu soll so ein Brief auch gut sein? Es geht doch viel direkter mit dem Telefon – oder, wenn es denn schriftlich sein muss, mit SMS oder E-Mail. In der Tat.

Doch ein »echter«, also ein persönlicher, mit eigener Hand geschriebener Brief ist trotz aller moderneren und schnelleren Möglichkeiten der Kommunikation etwas ganz Besonderes. In einem solchen Brief zeigt sich eine tiefere Schicht der Persönlichkeit als auf den anderen Wegen, sich mitzuteilen. Vielleicht trifft das nicht auf alle Briefe zu – bestimmt aber auf jene, die sich zu lesen und zu schreiben lohnen.

Das persönliche Gespräch von Angesicht zu Angesicht ist in vielerlei Hinsicht die direkteste und wichtigste Form des Gedankenaustausches. Im Brief offenbaren sich jedoch Gedanken, die etwas länger benötigen, um sich zu entwickeln und an die Oberfläche zu steigen.

Wie wäre es, wenn Sie mal wieder einen Brief schrieben? Sie wissen nicht, an wen? Da hätte ich eine Idee …

Spielregeln

Schreiben Sie einen Brief. Und zwar richtig, mit der Hand. Geben Sie sich ruhig ein wenig Mühe und schreiben Sie erst einen Briefentwurf und dann ins Reine. Denn dieser Brief ist an einen ganz besonderen Menschen gerichtet: an Sie selbst. Was haben Sie sich mitzuteilen?

Dauer: 30 Minuten *Schwierigkeitsgrad: II*

Was kann man schon an sich selbst schreiben? Alles, wirklich alles – Ihre tiefsten Wünsche, Hoffnungen, Träume, Ihre drängendsten Fragen, Sorgen und Ängste. Sie brauchen nicht zu befürchten, dass der Empfänger des Briefes Sie nicht versteht, Ihre Geheimnisse preisgibt oder missbraucht. Sie schreiben in dem Wissen, dass der Brief an jemanden gerichtet ist, der ein offenes Ohr für alles hat, was Sie beschäftigt, der Ihre Worte nicht verdreht und Sie bei allem unterstützt, was Sie anstreben.

Schreiben Sie einfach drauf los. Manchmal ist der Anfang am schwersten. Wenn Sie gar nicht wissen, wie Sie beginnen sollen, fangen Sie damit an: »Ich weiß gar nicht, was ich dir schreiben soll …« Schreiben Sie über das, was Ihnen wichtig ist und was Sie gerade beschäftigt. Stellen Sie Fragen. Geben Sie Ihren Gefühlen Ausdruck. Wenn der Briefentwurf fertig ist, schreiben Sie den Brief noch einmal – in leserlicher Schrift, möglichst ohne Korrekturen – ins Reine. Damit erweisen Sie sich selbst Respekt.

Nun, es ist vollbracht. Der Brief ist fertig. Was jetzt?

Wahrscheinlich hat Ihnen das Schreiben einige interessante Einsichten verschafft oder zumindest Ihre Gedanken und Gefühle etwas geklärt. Sie können das Spiel hier beenden, wenn Sie möchten. Sie haben aber auch mehrere Möglichkeiten, das Spiel fortzusetzen.

Für Eilige: Legen Sie den Brief mindestens drei Tage zur Seite. Lesen Sie ihn dann – so, als ob ihn ein Freund hinterlegt hätte.

Für jene, die Überraschungen lieben: Stecken Sie den Brief in einen Umschlag. Schreiben Sie Ihren Namen und PERSÖNLICH! darauf. Suchen Sie nach einem guten Versteck, das Sie möglichst schnell vergessen, beispielsweise ein selten gelesenes Buch. Wenn Sie den Brief nach Monaten oder Jahren finden, wird Ihnen das interessante Einblicke in die Vergangenheit verschaffen.

Für Realisten: Stecken Sie den Brief in einen an Sie selbst adressierten Umschlag und diesen dann in einen weiteren Umschlag, den Sie an einen Freund schicken, mit der Bitte, Ihnen Ihren Brief in einem Monat oder einem Jahr zurückzuschicken.

Wenn Sie den Brief an sich selbst dann wieder zur Hand nehmen, beginnt der zweite Teil des Spiels: Beantworten Sie den Brief. Es kann sich ein interessanter Briefwechsel daraus ergeben!

Während Sie einen Brief an sich schreiben, schreibt ein Teil Ihres Unterbewusstseins einen Brief an einen anderen Teil Ihres Unterbewusstseins. Indem Sie schreiben, klären Sie Ihre Gedanken, dringen tiefer in Ihr Inneres vor und aktivieren Lösungsprozesse in Ihrem Unterbewussten.

Ach, könnte man doch mit jedem Brief so viel erreichen!

Zwischen Himmel und Erde

»Ein etwas vorschnippischer Philosoph, ich glaube Hamlet, Prinz von Dänemark, hat gesagt, es gäbe eine Menge Dinge im Himmel und auf der Erde, wovon nichts in unsern Kompendien stände. Hat der einfältige Mensch, der bekanntlich nicht recht bei Troste war, damit auf die Kompendien der Physik gestichelt, so kann man ihm getrost antworten: Gut, dafür stehen auch wieder eine Menge von Dingen in unseren Kompendien, wovon weder im Himmel noch auf der Erde etwas vorkommt.« Besser als Georg Christoph Lichtenberg kann man es wohl kaum sagen.

In den nächsten sieben Abenteuern wollen wir einmal die Dinge aufsuchen, die zu kennen Hamlet Horatios Schulweisheit absprach (können Sie noch folgen?). Was könnte das sein?

Beispielsweise etwas, das mehr als alles ist.

Oder etwas, das immer da, aber nicht fassbar ist.

Oder etwas, das für jemanden ist, der nicht ist.

Oder über etwas, das ein Tiefpunkt der höchsten Höhe ist.

Oder etwas, das sterblich bis in alle Ewigkeit ist.

Oder etwas, das ohne Worte viel sagt.

Oder gar etwas, das Sie oft tun, aber wahrscheinlich noch nie so getan haben.

Klingt das zu mysteriös? Nun ja, es gibt eben mehr Ding'… Nein, ich möchte Ihnen nur noch nicht verraten, um was es bei den sieben Spielen geht, die auf den nächsten Seiten auf Sie warten.

Spiel 15 Gott spielen

> Das größte Wunderding ist doch der Mensch allein:
> Er kann, nachdem er's macht, Gott oder Teufel sein.
>
> *Der Cherubinische Wandersmann*
> *Angelus Silesius*

In gewisser Weise gibt es so viele Götter, wie es Menschen gibt. Jeder hat eine andere Vorstellung von Gott, der Göttin, dem höchsten Wesen, dem All-Einen. Manche stellen sich Gott als Person vor, andere als Kraft, als männlich, als weiblich, als gütig, als streng, als nachsichtig, als zornig. Doch für jeden Menschen ist Gott ein anderer. Über Gott sagt das natürlich nicht viel aus. Aber über die Menschen.

Nun wäre es auch erstaunlich, wenn Einigkeit über das Wesen Gottes bestünde. Welche Selbstüberschätzung wäre es, wenn man annähme, man könnte das, was das Universum geschaffen hat, in seiner Unermesslichkeit mit dem doch eher ermesslichen menschlichen Geist erfassen? Der Versuch, dies in Worte zu fassen, muss erst recht immer bruchstückhaft und unvollkommen bleiben.

Das hindert uns natürlich nicht daran, es zumindest zu versuchen und uns Gott, der Göttin, dem Höchsten Wesen, dem Dao, dem All-Einen zu nähern. Das, was wir in Worte fassen können, ist begrenzter als das, was wir fühlen. Aber auch was wir fühlen können, ist begrenzt. Doch selbst dann, wenn uns unsere Begrenztheit voll bewusst ist, können wir doch immer spielen, uns wären keine Grenzen gesetzt.

Spielregeln

Bei diesem Spiel können Sie tun, was Sie wollen. Zumindest in Ihrer Vorstellung. Doch Sie können wirklich alles tun, alles verändern, was Sie für verändernswert halten. Sie haben unbegrenzte Macht. Was würden Sie tun, wenn Sie Gott wären?

Dauer: 15 Minuten *Schwierigkeitsgrad: II*

Vielleicht haben Sie ja schon einmal gedacht: »Wenn ich alle Macht der Welt hätte, dann würde ich so einiges ändern!« In diesem Fall liegen Sie mit diesem Spiel genau richtig. Denn so unterschiedlich die Vorstellungen von Gott auch sind – eine Eigenschaft lässt sich kaum von der Vorstellung eines höchsten Wesens trennen: Allmacht. Vielleicht auch noch Allwissenheit.

Nun, diese Eigenschaften sind schwer vorstellbar. Immerhin können Sie versuchen, sich einer Vorstellung möglichst weit zu nähern. Da Sie ja, im Gegensatz zu einem echten göttlichen Wesen, über einen recht knappen Zeitrahmen verfügen, können Sie Ihre Macht auf diesen Planeten beschränken und die restlichen 100 % des Kosmos außer Acht lassen. Sie können sich vorstellen, Gott hätte zu Ihnen gesprochen, Sie zum Hilfsgott ernannt und Ihnen die Erde übergeben.

Wahrscheinlich ist Ihnen von Anfang an die Gewaltigkeit dieser Aufgabe und die damit verbundene Verantwortung bewusst. Vielleicht spüren Sie aber auch einen Funken der Versuchung, der von der Macht überspringt. Wie stark ist die Versuchung einer so großen Macht?

Würden wir etwa, käme uns eine unbegrenzte Macht zu, mit einem Mal weise und gut? Oder würden wir nicht vielmehr weiterhin unseren alten Mustern folgen? Der begrenzten Macht, die in dieser Welt zu erlangen ist, gelingt das Kunststück, die Machtinhaber in außergewöhnlich weise und gute Menschen zu verwandeln, offenbar nicht so gut.

Aber wer weiß? Vielleicht ist es ja bei Ihnen anders. Oder vielleicht macht es einen Unterschied, ob man über begrenzte oder unbegrenzte Macht verfügt.

Was könnte man mit der übertragenen Macht tun? Die Welt in ein Schlaraffenland verwandeln? Niemand muss arbeiten, niemand sich anstrengen, niemand hat irgendein Ziel … Nein, das klingt nicht so gut. Aber universeller Frieden! Ja, das wäre wohl erstrebenswert. Also könnte man alle Nuklearwaffen durch einen Willensakt vernichten. Aber bisher wurden ja die Kriege nahezu ohne solche Waffen geführt – das würde also nicht ausreichen. Alle Waffen müssten weg. Auch Messer? Oder Brieföffner? Keulen? Nein, wir sind das Problem wohl von einer falschen Seite her angegangen. Vielleicht müsste man eher die Menschen ändern. Man könnte ihren Geist so verändern, dass sie stets friedlich und freundlich sind. Dann wäre wohl Schluss mit Mord, Totschlag und Krieg. Am besten macht man die Menschen auch gleich noch intelligenter, fleißiger, attraktiver, mit einem angeborenen Widerwillen gegen Gewalt … Und schon haben wir einen Planeten voll willenloser Roboter.

Kann und will ich – wenn auch nur in der Vorstellung – meine Macht dazu einsetzen, den Willen der Menschen zu bestimmen?

Stellen Sie sich die Frage und stürzen Sie sich für ein paar Minuten in die Verantwortung.

Spiel 16 Hier & Jetzt

Den Augenblick immer als den höchsten Brennpunkt der Existenz, auf den die ganze Vergangenheit nur vorbereitete, ansehen und genießen, das würde Leben heißen!

Tagebücher, 23.4.1842
Friedrich Hebbel

Hier und Jetzt, die unmittelbare Gegenwärtigkeit – was könnte unmissverständlicher und klarer sein? Doch dank der modernen Physik haben wir auch darüber Unklarheit gewonnen. Nicht nur, dass jeder sein eigenes, subjektives Hier und Jetzt hat, weder Ort noch Zeit sind objektivierbar. Sie sind prinzipiell subjektiv.

Einst dachten die Menschen, die Erde sei das Zentrum des Weltalls. Später vermuteten sie dort die Sonne. Und selbst diese Theorie erwies sich als unhaltbar.

Heute haben wir die Erde dort platziert, wo sie hingehört: in den Mittelpunkt des Universums. Freilich gilt das auch für jeden anderen Ort. Denn wenn wir mit modernen Teleskopen das All erforschen, finden wir, dass sich alle Sterne von uns fortbewegen, und zwar unabhängig davon, ob wir uns auf der Erde, dem Mond, dem Mars, in einem anderen Sonnensystem oder einer anderen Galaxis befinden.

Alles, was ist, befindet sich im Mittelpunkt? In der Tat. Wir leben auf der Oberfläche eines expandierenden Ballons aus Raumzeit. Von jedem Punkt auf der Oberfläche des Ballons entfernen sich alle anderen. Er ist also in der Mitte. Doch wer bläst den Ballon auf?

Spielregeln

Setzen Sie sich hin und schließen Sie die Augen. Vergessen Sie für die Dauer des Spiels die Vergangenheit. Vergessen Sie die Zukunft. Leben Sie in diesem Augenblick, im Jetzt, dem einzigen Moment, der nicht Illusion ist. Immer, wenn Ihre Gedanken in Vergangenheit oder Zukunft abschweifen, kehren Sie wieder zu diesem gegenwärtigen Augenblick zurück.
Dauer: 15–30 Minuten Schwierigkeitsgrad: III

Lassen wir einmal die Astrophysik beiseite. Was heißt es psychologisch, im Hier und Jetzt zu leben?

»Rationalisten« mögen einwenden, dass es

1. in gewisser Weise gar nicht anders möglich und
2. in gewisser Weise überhaupt nicht möglich sei.

Denn: Wo anders könnten wir sein als hier? Wann anders als jetzt? Vergangenheit und Zukunft sind nur im Hier und Jetzt unseres Bewusstseins als Vorstellung vorhanden.

Denn: Lebten wir in einem stetigen Hier und Jetzt, wäre uns keine Vergangenheit und keine Zukunft bewusst. Wir wären nicht handlungs- oder auch nur überlebensfähig.

Wie kommt es zu solchen Schwierigkeiten mit dem Hier und Jetzt? Wahrscheinlich liegt es unter anderem daran, dass Menschen dazu neigen, Wörter als Stecknadeln zu betrachten, mit denen sie ihre Vorstellungen in ihrem Weltbild befestigen. Doch Worte sind eher Bedeutungswolken. Je klarer ein Wort ist, desto mehr verliert es an Substanz. Wenn Hier und Jetzt Punkte sind, verlieren sie völlig an Bedeutung.

Hier und Jetzt zu sein bedeutet, sein Gewahrsein, seine Aufmerksamkeit auf die Gegenwart zu richten. Um die Gegenwart zu verstehen und aus der Gegenwart heraus zu handeln, greift unser Unterbewusstsein auf alle unsere Ressourcen zurück. Es ist darin ohnehin besser als unser Bewusstsein. Unser Bewusstsein auf Vergangenes oder Zukünftiges zu richten, nimmt uns die Gegenwart.

Wenn die Achtsamkeit in der Gegenwart ruht, gibt es keine Sorge, keine Angst, kein Ego, das sich immer wieder bestätigen muss. Mystiker aller Religionen betrachten diese Haltung als »Erleuchtung«. Es scheint sich also zu lohnen, das Hier-und-Jetzt-Spiel zu spielen.

Irgendwie ist es aber nicht so einfach. Zwar behaupten Mystiker stets, dass die Schwierigkeit nur eine scheinbare ist, dass eigentlich nichts leichter ist, als gegenwärtig zu sein. Nur haben wir es, seit wir Kinder waren, nicht mehr geübt. Es ist aber nicht einmal so sehr eine Sache der Übung – man muss nur den richtigen »Dreh« herausbekommen.

Das Hin und Her unseres Geistes zwischen Vergangenheit und Zukunft schafft erst das Ego. Ist das Ego erst einmal im Bewusstsein, setzt es der Gegenwart große Widerstände entgegen; denn in der Gegenwart gibt es kein Ego. Wir hängen so sehr an unserem Ego, dass wir uns oft sogar damit identifizieren.

Begeben Sie sich ein Weilchen ins Abenteuer des Hier und Jetzt. Genießen Sie es und erfahren Sie, dass Sie nicht Ihr Ego sind. Erleben Sie, wie Sorgen und Ängste blass und kraftlos werden und nur das Sein bleibt. Sie sind hier und jetzt vollkommen.

Doch keine Angst: Ihr Ego kommt zurück …

Spiel 17 Requiescat in Pace

Richte dein Streben darauf, dass der Name des Todes seinen Schrecken für dich verliert. Mach ihn dir durch häufiges Nachdenken vertraut, damit du, wenn es die Umstände fordern, ihm sogar entgegengehen kannst.

Lucius Annaeus Seneca

Wir alle sind auf der Suche. Auf der Suche nach der Raststätte »Sinn des Lebens«. Dumm nur, dass wir mit der Suche in einem kontur- und trostlosen Moor beginnen, das mit dichten Nebelschwaden verhangen ist. Und so tappen wir halb blind dahin und dorthin, versinken im Morast oder stoßen auf eine reine Quelle, verirren uns immer weiter, laufen im Kreis oder finden einen Weg, der vielleicht ans Ziel, vielleicht aber auch in die Irre führt. Manchmal jagen wir Schemen im Nebel nach, die aus dem Spiel des tausendfach gebrochenen Lichts mit den Dünsten entstehen. Manchmal geben die Schwaden den Blick über das Moor frei. Meist erblicken wir dann erst die trostlose Weite der Einöde und verzweifeln – aber mitunter fällt ein warmes Licht durch eine Lücke im Nebel und beleuchtet den Weg zum »Sinn des Lebens«. Er beginnt erstaunlicherweise genau vor unseren Füßen.

Anstatt durch ein düsteres Moor zu wanken, ist es vielleicht schöner, ein anderes Abenteuer zu erleben. Aber der »Sinn des Lebens« sollte schon darin vorkommen. Das geht ganz leicht, wenn Sie einen kurzen Text schreiben. Natürlich nicht irgendeinen, sondern einen, der nicht für Ihre Augen bestimmt ist.

Spielregeln

Ob Sie nun an ein Leben nach dem Tod glauben oder nicht: So lange müssen Sie nicht warten, um dieses Spiel zu genießen. Schreiben Sie Ihren eigenen Nachruf. Klingt das makaber? Darum geht es nicht. Überlegen Sie, was Sie von Ihnen selbst gerne in dieser Welt hinterlassen würden.

Dauer: 10–20 Minuten *Schwierigkeitsgrad: II*

Ich kann mir gut vorstellen, dass Sie dieses Spiel zunächst ein wenig beunruhigt. Sich mit der eigenen Endlichkeit auseinander zu setzen, mag anfangs etwas unheimlich und vielleicht sogar unangenehm sein. Doch bei diesem Spiel stürzen Sie sich in kein allzu großes Abenteuer, denn es geht nicht so sehr um den Tod. Es geht um das Leben.

Wenn Sie damit beginnen, Ihren Nachruf zu schreiben, werden Sie das auch sofort bemerken. Am Anfang steht der Tod. Doch diese Tatsache ist nur der Kontext, nicht das, was wichtig ist. Im Nachruf geht es um das Leben eines Menschen. In diesem Fall um Ihr Leben. Schon beim ersten Versuch, etwas aufs Papier zu bringen, erkennen Sie, dass Allgemeinplätze, Klischees und leere Floskeln völlig fehl am Platz sind. Ihrem einmaligen Leben, Ihrer Persönlichkeit können Standardsätze nicht gerecht werden.

Das Spiel führt Sie unerbittlich zu den zentralen Fragen des Lebens: Was will ich wirklich im Leben erreichen? Wohin soll die Reise gehen? Was soll von mir bleiben? Aber führen vielleicht schon diese Fragen in die Irre?

Beginnen Sie damit, Material zu diesen Fragen zu sammeln. Erreichen können Sie vieles. Reichtum, beruflichen Erfolg, Ruhm, Ansehen oder Macht. Was davon ist Ihnen für Ihren Nachruf wichtig? Schreiben Sie es auf. Lesen Sie es durch. Wenn es Sie berührt, wird es wichtig sein.

Die Reise Ihres Lebens kann Sie zu Einfluss, Anerkennung, Weisheit, Zufriedenheit oder gar der Erleuchtung führen. Schreiben Sie auf, was Ihnen interessant erscheint, und hören Sie in sich hinein: Ist es wirklich wichtig für Sie?

Und schließlich die Frage, was von Ihnen bleiben soll, wenn Sie gegangen sind: Besitz, Taten, Ideen, Kinder, liebevolle Erinnerungen … Was ist Ihnen wirklich wichtig? Schreiben Sie es auf.

Wenn Sie nun genug Material gesammelt haben, schreiben Sie Ihren Nachruf. Erweisen Sie sich selbst Respekt, indem Sie ihn auf ein schönes Papier mit großer Schrift schreiben. Das heißt also auch, dass der Text nicht zu lang werden sollte. Komprimieren Sie das Geschriebene, bis kein Wort überflüssig ist. Nur das Wesentliche, sozusagen die Essenz Ihres Lebens, steht in diesen Zeilen, die Sie schreiben, aber nie in ihrer tatsächlichen Bedeutung lesen werden. Beim Lesen Ihres Textes sollten Ihnen die Tränen kommen – aber keine bitteren Tränen, sondern die Tränen, die aufsteigen, wenn tiefste Gefühle an die Seele rühren. Gefühle, die einem den Weg weisen.

Wenn Sie Ihren Nachruf geschrieben haben, hängen Sie ihn an der Wand auf. Er ist ein Leitfaden für Ihr Leben.

Spiel 18

Das Helden-Spiel

Es muss das Herz bei jedem Lebensrufe bereit zum Abschied sein und Neubeginn.

Das Glasperlenspiel, Stufen
Hermann Hesse

Die Bandbreite des Helden ist groß. Die sagenhaften Helden der Antike wie Achilles, die Helden der nationalen Sagen wie Siegfried, die Helden von Romanen und Filmkunstwerken, Superhelden, Antihelden, Kriegshelden und Helden des Alltags – jeder hat die Chance zum Helden zu werden.

Was den Helden auszeichnet ist … Mut? In der Regel wohl schon. Keineswegs aber immer. Mal ehrlich, wenn Sie so unverwundbar wie Siegfried, so stark wie Pippi Langstrumpf oder gar in jedweder Hinsicht allen anderen Menschen überlegen wären wie Superman – dann würde es Ihnen auch nicht weiter schwer fallen, sich mutig in Abenteuer zu stürzen und sich heldenhaft zu verhalten. Auch der Soldat, der nur die Wahl hat, als Held vom Feind oder als Deserteur vom Freund ermordet zu werden, hat eigentlich gar keine Chance, wirklichen Mut zu beweisen. Die wahren Helden sind die Helden des Alltags. Eins haben jedoch alle Helden gemeinsam: Sie werden von anderen bewundert – aufgrund dessen was sie sind, darstellen oder tun. Das Bewundertwerden ist ziemlich beliebt. Doch nicht jeder ist bereit, dafür Heldentaten zu vollbringen, bei denen man selbst in Gefahr geraten könnte. Dann überspringen wir das eben.

Spielregeln

Für die Dauer dieses Spiels sind Sie das, was man wohl als erfolgreich bezeichnen kann. Sie haben gerade die Welt gerettet, sind unermesslich reich und berühmt. Nicht schlecht! Und nun – was würden Sie nun tun? Erforschen Sie Ihre Wünsche hinter den Wünschen.

Dauer: 15–30 Minuten *Schwierigkeitsgrad: II*

Ist das nicht eine erstaunliche Karriere? Eben noch ein ganz normaler Mensch und jetzt schon ein Megaheld! Und das ganz ohne Mühsal und Risiko. Sie können sich nun in dem Gefühl sonnen, etwas wirklich Großes, Wichtiges, Bewundernswertes geleistet zu haben. Ganz nebenbei haben sich auch all Ihre materiellen Träume verwirklicht. Von allen Menschen auf dem Planeten werden Sie bewundert, bestaunt – sogar geliebt. Kurzum, Sie sind der Held, nicht nur des Tages, sondern des Jahrhunderts.

Vom Standpunkt der meisten Noch-nicht-Helden ist das geradezu traumhaft. Die großen Träume – alle erfüllt. Besser, viel besser als ein Sechser im Lotto!

Doch wie sieht es vom Standpunkt des Helden aus? Wie sehen Sie von Ihrem neuen Standpunkt aus Ihr Leben, Ihre Ziele? Sind Sie nun wunschlos glücklich? Oder gibt es noch Dinge, die Sie erreichen wollen?

Mehr Ruhm und Ehre können Sie kaum erlangen; Geld haben Sie wie Heu, mehr als Sie jemals brauchen werden – auch für Ihre Enkel reicht es noch. Gibt es überhaupt etwas? Sie könnten Kaiserin oder Präsident der Vereinigten Kontinente werden. Oder, wenn Ihnen das zu mühselig scheint, Premierministerin oder König eines kleinen, aber schönen Landes, beispielsweise der Schweiz oder Neuseelands. Oder tut es schon eine Südseeinsel?

Alles erreicht, alle Ziele geschafft, alle anderen übertroffen zu haben kann ganz schön frustrierend sein. Wohin sollen wir, wenn wir auf dem Gipfel stehen? Von dort aus gibt es nur eine Richtung.

Möglicherweise ist es gar nicht so wundervoll, mit einem Mal, ohne auch nur einen Finger gerührt zu haben, plötzlich auf dem höchsten Gipfel zu stehen. Mühelos oben zu sein, befriedigt nur einen Augenblick. Dann kommt die Orientierungslosigkeit nach dem Verlust der Ziele. Ein wenig anders ist es schon, den Berg aus eigener Kraft bezwungen zu haben. Denn der Weg war das eigentliche Ziel. Oder doch der Gipfel selbst?

Von so weit oben erscheint alles klein. Es ist schwierig, sich neue, lohnende Ziele zu suchen. Die Luft ist dünn in der Höhe. Es ist kalt. Majestätisch zwar, doch nur scheinbar dem Himmel näher. Leblos. Und auf den saftigen Wiesen im Tal blühen die Apfelbäume.

Liebe, Freundschaft, menschliche Wärme sind nicht auf den Gipfeln zu finden. Sie blühen im Tal und pfeifen auf das Heldentum.

Spiel 19 Und noch ein Tag …

Jeder Zustand, ja, jeder Augenblick ist von unendlichem Wert;
denn er ist der Repräsentant einer ganzen Ewigkeit.

zu Eckermann, 10. 11. 1823
Johann Wolfgang von Goethe

Wie kurz ist das Leben! Selbst hundert Jahre scheinen uns – zumindest solange wir gesund und munter sind – viel zu kurz, um es auszukosten. Wie unsäglich gemein vom Universum, dass es uns mit dem Fluch des Todes belegt hat! Alles in uns sträubt sich gegen die Endlichkeit, die unvermeidlich ist.

Folglich glauben die meisten Menschen auch nicht an die Endlichkeit. Zumindest wird es nach dem Tod irgendwie weitergehen: in einem paradiesischen Jenseits, wiedergeboren in dieser Welt, als körperloser Geist oder als Teil der kosmischen Intelligenz. Wie könnte unsere köstliche Seele verloren gehen?

Aber selbst dieser Glaube hindert die Menschen nicht daran, sich die Unsterblichkeit an den Hals zu wünschen. Sie wollen mehr leben und verstehen darunter vor allem und in erster Linie länger zu leben. Wäre es nicht tatsächlich außerordentlich wünschenswert, länger zu leben? Wenigstens die 120 Jahre, von denen Wissenschaftler behaupten, wir könnten sie erreichen. Aber besser noch 200 Jahre oder 1000. Es gibt so viel zu sehen, so viel zu lernen, so viel zu erfahren, so viel zu erleben. Wir brauchen Zeit, um uns zu entwickeln und um das zu werden, was wir sein können.

Vielleicht sollten wir einen Schluck Unsterblichkeitselixier zu uns nehmen.

Spielregeln

Sie haben in einer abgelegenen Stelle im Wald den Quell des Lebens gefunden. Wer von diesem Wasser trinkt, kann sein Leben beliebig verlängern. Nehmen Sie einen Schluck. Stellen Sie sich vor, Sie hätten alle Zeit der Welt. Was würden Sie mit all dieser Zeit anfangen? Für die Dauer dieses Spiel sind Sie unsterblich. Wie verbringen Sie Ihre Unsterblichkeit?
Dauer: 15 Minuten *Schwierigkeitsgrad: II*

Antons Tod

Alle Zeit der Welt! Endlich Zeit für das, für das bisher keine Zeit war. Anton war es durch einen unglaublichen Zufall gelungen, ein Unsterblichkeitselixier herzustellen. Er wusste nicht, wie er es getan hatte. Aber er spürte sofort, als er es getrunken hatte, dass er unsterblich geworden war. Er fühlte sich wie betrunken. Was könnte er nun alles haben, da die Zeit keine Rolle mehr spielte! Wenn er das bisschen Geld, das er gespart hatte, anlegte und hundert Jahre wartete, dann würde er Millionär sein. Anton hatte nie viel Geld gehabt und sehnte sich danach. Alles, was er brauchte, war Geduld. Er sparte jeden Cent und arbeitete hart. Nach zehn Jahren war klar, dass es höchstens noch einmal zehn Jahre brauchen würde, bis die Million geschafft war. Anton sah keinen Tag älter aus.

Sein Ziel begann ihm jedoch fragwürdig zu werden. Freilich, er könnte tausend Jahre warten – und wäre durch die Zinsen unermesslich reich. Geld wurde nebensächlich. Es würde ihm bei den ersten Schritten zu seinem neuen Ziel behilflich sein. Anton begann, die Verlockung der Macht zu spüren. Er lernte und arbeitete noch härter. 20 Jahre später war er Manager einer der größten Unternehmen im Land. Jeder bewunderte den so jugendlich wirkenden Chef. Unglaublich, dass er schon über 50 sein sollte! Es war abzusehen, dass er es noch weit bringen würde.

Doch Anton hatte die Lust auch an diesem Spiel verloren. Und er begriff, dass seine ewige Jugend zum Problem wurde. Also machte er all sein Vermögen zu Bargeld, wanderte aus und begann ein neues Leben. Endlich hatte er erkannt, dass die Liebe das war, worauf es ankam. Geduldig suchte er nach seiner Seelenpartnerin. Nach langer Zeit fand er sie tatsächlich, und sie lebten glücklich bis ans Ende ihrer Tage. Ihrer, nicht aber seiner. Zum ersten Mal wünschte er sich den Tod.

Die Zeit schliff langsam den Schmerz ab. Die Jahrhunderte kamen und gingen, er hatte Frauen, Kinder und Freunde, die ihn immer wieder verließen. Ein großer Krieg löschte die Menschheit beinahe aus. Doch sie erhob sich wieder aus der Asche – nach einem langen dunklen Zeitalter. Jahrtausende kamen und gingen, mit ihnen die Zivilisationen. Als der große Asteroid einschlug, war die Katastrophe weitaus größer als bei dem letzten Krieg vor einer halben Million Jahren. Die Wesen, die danach wieder eine Zivilisation schufen, waren keine Menschen mehr. Doch sie brachen zu den Sternen auf und schufen die erste galaktische Zivilisation. Äonen kamen und gingen und mit ihnen die Zivilisationen. Dann, ganz langsam, verschwand das Leben aus dem All. Das Universum kam zum Stillstand. Kein Atom bewegte sich mehr.

Nur Anton, der Unsterbliche, blickt mit kalten Augen in die ewige Finsternis.

Spiel 20

Das Eremiten-Spiel

Gleiche wieder dem Baume, den Du liebst, dem breitästigen:
Still und aufhorchend hängt er über dem Meere.

Zarathustra I, Von den Fliegen des Marktes
Friedrich Nietzsche

Der Mensch, meinte Aristoteles, sei ein ζωον πολιτικὸυ, ein Gemeinschaftstier. Wir sind auf andere Menschen angewiesen, um Mensch zu sein und um überhaupt erst Mensch zu werden. Das Menschsein und noch viel mehr die Menschlichkeit müssen wir erst lernen. Und zwar von Anfang an. Später ist zu spät. Wer als Kind nicht lernt, Mensch zu sein, wird das später kaum nachholen können.

Und was ist mit uns Erwachsenen? Wir sind doch selbstständig, autonom und, wenn es sein muss, auf niemanden angewiesen! In den Städten leben überwiegend Singles. Aber auch sie bedürfen des Bäckers, des Handy-Providers und des Barmannes. Freilich: Theoretisch könnte ein Erwachsener, der über entsprechende Fähigkeiten verfügt, in der Wildnis – wenn er denn eine findet – überleben. Er könnte sich Werkzeuge bauen, jagen, sammeln und wandern. Doch könnten wir das? Ich nicht.

Aber es gab und gibt immer wieder Menschen, die sich freiwillig in die Abgeschiedenheit begeben. Mitunter kann es vielleicht ganz gut tun, allein zu sein und zu schweigen. Es könnte sogar sein, dass, um wirklich mit anderen zu sprechen, das Schweigen wichtig ist.

Spielregeln

Ein Spiel, das darin besteht, etwas nicht zu tun, kann schwieriger sein, als eines, bei dem Sie etwas tun. So dürfte es außerordentlich schwer sein, eine Stunde nicht zu atmen. Ganz so schwer ist dieses Spiel natürlich nicht. Vielleicht ist es sogar ganz einfach für Sie? Schweigen Sie eine Woche lang.

Dauer: 1 Woche *Schwierigkeitsgrad: III*

Eine ganze Woche schweigen! Ich bin mir durchaus darüber im Klaren, dass das viel ist. Nicht jedem wird es möglich sein, dieses Spiel zu spielen, vor allem jenen, die als Telefonisten arbeiten. Wenn Sie sich jedoch auf dieses Abenteuer einlassen wollen, werden Sie spannende Erfahrungen machen.

Tatsächlich können Sie beinahe alle Situationen des Alltags bewältigen, ohne zu sprechen. Sie können grüßen, indem Sie mit dem Kopf nicken, Sie können mit einem Blick Danke sagen. Sie können Ihren Freunden vorab Bescheid sagen und sich mit ihnen in der Zeichensprache verständigen.

Wenn Sie schweigen, können Sie zuhören. Nicht nur Ihre eigenen inneren Stimmen vernehmen Sie dann klarer, auch das, was andere Menschen sagen, gewinnt an Bedeutung.

Worte anderer lösen in Ihnen zunächst weiterhin die gewohnten Reaktionen aus. Noch während der andere spricht, überlegen Sie, vergleichen das Gesagte mit Ihrer Meinung, erwägen Argumente, stimmen zu oder lehnen ab und antworten. In diesem Spiel lassen Sie die Antwort nicht nach außen dringen. Sie bleiben still, aber nicht unbewegt. Der Drang zu sprechen kann sehr stark werden. Vielleicht haben Sie das Gefühl, Sie könnten platzen. (Doch keine Sorge: Dieses Phänomen wurde noch nie beobachtet.) Noch nicht am ersten, aber möglicherweise am zweiten oder dritten Tag könnten Sie sich dabei ertappen, wie Sie laut mit sich selbst sprechen. Auch das ist kein Grund zur Sorge.

Nach einer Weile des Schweigens lässt die automatische Reaktion auf das, was andere sagen, nach. Das Schweigen ist so weit Gewohnheit geworden, dass der Verstand darauf verzichtet, automatisch Antworten, Kommentare und Argumente zu produzieren. Immer mehr von dem, was die Menschen sprechen, dringt zu Ihnen vor. Oft ist es etwas anderes, als die Worte ausdrücken.

Das Bedürfnis, uns mitzuteilen, wird langsam geringer. Es verschwindet nicht ganz. Wesentliches beginnt sich herauszukristallisieren. Es gibt Dinge, die mitteilenswert sind, und vieles andere, was unwichtig ist. Schlimmer als unwichtig vielleicht, weil es uns daran hindert, unsere eigenen Gedanken zu klären und die der anderen in ihrer ganzen Tiefe wahrzunehmen. Wie viel mehr können wir durch Zuhören erkennen als durch Plappern!

Gelingt es uns eine Weile, das Schweigen zu bewahren, werden wir danach anders sprechen. Weniger Worte zwar, doch mit mehr Bedeutung.

Spiel 21 Vegetative Liebkosung

Es ist, als ob jeder Baum auf dem Lande zu mir spräche: Heilig, heilig!

Briefe
Ludwig van Beethoven

Haben Pflanzen ein Bewusstsein? Aller Wahrscheinlichkeit nach wohl zumindest kein menschliches. Eine Diskussion mit Ihrer Begonie über die politische Weltlage wird voraussichtlich weder Ihnen noch der Flora wesentlich neue Erkenntnisse, Ihnen jedoch möglicherweise eine zweifelhafte Reputation bei den Nachbarn eintragen.

Aber ist es denn abwegiger, Pflanzen irgendeine Art Bewusstsein zuzuschreiben als Tieren? Freilich bewegt sich eine Eiche nicht so hurtig von einem Ort zum anderen und äußert sich auch nicht vernehmlich. Doch würden wir einem Gelähmten oder Sprachlosen aus diesen Gründen das Bewusstsein absprechen? Der größte Teil der pflanzlichen Aktivität und Kommunikation entzieht sich unseren Sinnen – sie laufen zu langsam für uns ab, unterirdisch und über andere Sinne. Pflanzen senden einander chemische Botschaften, in denen sie beispielsweise vor Insekten warnen, sie verteidigen sich und kämpfen um Lebensraum.

Was ist wohl das Ehrfurcht gebietendste Wesen auf unserem Planeten? Der Mensch? Ein T-Rex? Der Blauwal? Für mein Gefühl ist es der Mammutbaum, die Sequoia, das älteste und größte Lebewesen, das jemals die Erde bewohnte.

Spielregeln

Gehen Sie in den Park oder in den Wald – oder in Ihren Garten, wenn es dort Bäume gibt. Suchen Sie sich einen Baum aus, der Ihnen besonders sympathisch ist. Umarmen Sie ihn. Was fühlen Sie dabei? Versuchen Sie, das Leben und seine Kraft zu spüren. Sollten Sie Bürgermeisterin sein, denken Sie daran, dass Zärtlichkeiten mit Bäumen auszutauschen möglicherweise Ihre Wiederwahl negativ beeinflussen könnte.

Dauer: 3 Minuten *Schwierigkeitsgrad: I*

Als ich noch ein Baum war

Als ich noch ein Baum war, schien mir die Welt schöner und wärmer. In tiefem Dunkel liegt heute meine Jugend, die große Freude, als ich die Erde verließ und den ersten Frühling in mich aufnahm. Die wilde, weiche Luft des weiten Waldes um mich, die stets sich wandelnden Wesen, die Tiere. Nur Freude im Rauschen, nur Lust im Herzen, nur Ekstase im wirbelnden Wind. Das reine, berauschende Wasser aus der Tiefe drang durch meine Adern, mein Geäst, ließ mich wachsen und weiser werden, teilte mit mir die Geheimnisse der alten Erde.

Die Kindheit ging dahin, und neues Leben kam in die Wälder; ein Wesen auf zwei Beinen blickte voll Ehrfurcht auf zu uns und streichelte unsere Rinde, suchte unseren Schutz und unser Wissen. Seltsam verbunden fühlten wir uns diesen kleinen, kurzlebigen Menschen, wie Kinder waren sie uns. Leises Lachen lebte unterm Sommerlaub. Seltsam waren ihre Gebräuche, seltsam ihre Gedanken, seltsam ihre schnelle Wandlung in der Welt. Und seltsam auch das erste Fühlen einer Furcht in unseren jungen Herzen, die für die Menschen doch so alte Herzen waren.

Nur kurze Zeit verging für uns, doch die Menschen mehrten sich und traten aus dem Licht ins Dunkel. Nicht mehr mit Ehrfurcht wanderten sie nun unter uns, sondern mit scharfer Axt und Feuer. Nie gekanntes Grauen ließ uns kalt erschauern, sobald der Mensch den Wald betrat. Hilflos standen wir, die Alten, unbeweglich und stumm. Fernes Stöhnen der Brüder, verhasstes Hämmern und Schlagen, Splittern von Holz und Beben der Erde im Fallen. Die Zeit der frohen Jugend war vorbei. Die Zeit der Erkenntnis brach jetzt an.

Der Mensch war keines von uns Kindern der alten, weisen Mutter. Woher nur kamen sie, die sich so wissend wähnten und doch Toren waren? Das warme Wasser gab uns keine Kraft mehr, die laue Luft keinen Rausch, die strahlende Sonne schien dunkler dort am hohen Himmel. Keine Freude war mehr in unserem Rauschen, keine Lust in unseren alten, kranken Herzen, keine Ekstase im rasenden Orkan. Tod war nun in uns, braune Blätter im Frühling, brechendes Holz im Herbst. Das Singen der Brüder war verstummt, und nur ersterbendes Raunen der Ahnung vom nahen Ende blieb; sanftes Summen der Sehnsucht.

Da entschied ich mich, ein Stern zu sein, silberglänzend am fernen Firmament, noch im Fallen feuriger Funke. So verließ ich denn die Erde abermals und erhob mich zum Himmel. Einsam im eisigen All, doch staunendes Verstehen und Erkennen der Ewigkeit – meine Brüder nun die Sterne, meine Mutter nun die Zeit.

Doch wärmer und schöner erschien mir die Welt, als ich noch ein Baum war.

Körper & Geist

Sie haben Körper und Geist. Mit dem einen halten Sie das Buch und blättern die Seiten um, mit dem anderen entnehmen Sie den kleinen schwarzen Figuren auf dieser Seite eine Bedeutung. Offenbar besitzen Sie da zwei ganz brauchbare Dinge. Und sie ergänzen sich auch so gut: Während Sie mit Ihrem Geist nicht eine einzige Seite umblättern könnten, wüsste Ihr Körper mit den Buchstaben nicht allzu viel anzufangen. Gut, dass Sie beide haben!

Wo sind eigentlich Sie? Wer ist es, der Ihren Körper und Ihren Geist hat? Möglicherweise sind Sie selbst der Geist, der einen Körper in Besitz genommen hat, ihn lenkt und regiert. Sie haben also nur einen Körper. Der Geist sind Sie. Oder Sie sind Ihr Körper, der sich einen Geist zugelegt hat, um besser überleben zu können. Sie haben also nur einen Geist. Der Körper sind Sie.

Wenn Sie sich nun entscheiden müssten, auf das, was Sie haben, zu verzichten: Wären Sie lieber der Körper oder lieber der Geist? Eine schwere Entscheidung. Würden Sie lieber ein Buch in den Händen halten oder es verstehen? Würden Sie Ihre Lieblingsspeise lieber essen oder darüber nachdenken?

Aber vermutlich können Sie sich von keinem der beiden trennen. Müssen Sie (jetzt) auch nicht. Oder *können* Sie sich etwa von keinem der beiden trennen, weil Sie keines der beiden besitzen? Vielleicht haben Sie weder Körper noch Geist? Vielleicht sind Sie beides.

In den nächsten Spielen geht es weder um den Körper noch um den Geist – sondern um Körper und Geist.

Und das ist, glauben Sie's oder nicht, ein Unterschied.

Spiel 22 Videostar

Dein wahrer Freund ist nicht, wer dir den Spiegel hält
der Schmeichelei, worin dein Bild dir selbst gefällt.
Dein wahrer Freund ist, wer dich sehn lässt deine Flecken
und sie dir tilgen hilft, eh' Feinde sie entdecken.

Die Weisheit des Brahmanen
Friedrich Rückert

Manche Völker glauben, das Abbild eines Menschen nehme seine Seele gefangen. Vielleicht ist auch ein Stück dieser Angst in uns, wenn wir uns abwenden, sollen wir fotografiert werden. Selbst wenn wir keine prinzipielle Abneigung dagegen hegen, wollen wir zumindest in vorteilhafter Pose erscheinen. Vorteilhaft für wen? Wen glauben wir, mit diesem Hundertstelsekundenausschnitt aus unserem Leben täuschen zu können? Das gelingt vielleicht bei Menschen, die wir nie von Angesicht zu Angesicht sehen. Am besten aber klappt es bei uns selbst.

Bilder von anderen helfen uns zu erinnern und lassen lebendige Situationen in uns entstehen. An Bilder von uns selbst haben wir jedoch keine direkte Erinnerung. Immer, wenn ein Foto von uns gemacht wird, stehen wir gerade auf der anderen Seite. Nicht einmal ein Spiegel kann uns wesentlich weiterhelfen. Er zeigt nicht uns, sondern unser Spiegelbild. Was zunächst nach unwesentlichem Unterschied aussieht, hat eine wichtige Bedeutung. Unser Gehirn erkennt in einer Gesichthälfte die Emotionen. Blicken wir in den Spiegel, sieht unser Gehirn auf die falsche Seite. Und im Spiegel sind unsere Augen immer starr, nie in Bewegung.

Doch es gibt ja schließlich Zauberspiegel.

Spielregeln

Für dieses Spiel brauchen Sie eine Videokamera. Wenn Sie keine besitzen, leihen Sie sich eine aus. Die Qualität ist unwichtig. Sie drehen einen Film ohne Handlung. Der Star in dem Film sind Sie selbst. Nehmen Sie sich selbst auf Video auf. Und dann sehen Sie sich den Film an. Mehrmals.

Dauer: 5-mal 3 Minuten *Schwierigkeitsgrad: II*

Noch heute kann ich mich gut an den Schock erinnern, der mich traf, als ich das interessanteste Geschenk meines siebten Geburtstages ausprobierte: Ein altes Tonbandgerät mit einem Mikrofon, das schon damals ziemlich antik wirkte. Zum ersten Mal hörte ich meine Stimme so, wie andere sie hören. Doch eben das wollte ich nicht glauben. Ich konnte nicht erkennen, wie das, was da aus dem Gerät kam, meine Stimme sein sollte. Es waren zwar die Worte, die ich gesprochen hatte, doch irgendetwas konnte nicht stimmen. Schließlich war ich doch mit meiner Stimme vertrauter als irgendjemand anderes. Und ich wusste, dass ich viel angenehmer und klangvoller sprach. Das uralte Gerät musste meine Stimme verzerren!

Allerdings war ich selbst als Siebenjähriger so weit mit der Logik vertraut, um nicht übersehen zu können, dass der Apparat weder die Stimmen meiner Eltern noch die meiner Geschwister auffällig veränderte. Äußerst widerwillig musste ich mich durchringen zu akzeptieren, dass ich in den Ohren anderer tatsächlich in etwa so klang, wie das Tonband es wiedergab. Darum konnte ich sie nicht beneiden. Und ich nahm Abschied von meinem damaligen Traumberuf des Schlagersängers.

Heute weiß ich, dass kaum ein Mensch seine eigene Stimme eindeutig wiedererkennt, wenn ihm eine Aufzeichnung vorgespielt wird. Seltsamerweise scheint die innere Verzerrung in eine ganz bestimmte Richtung zu wirken: Kaum jemand mag seine »äußere« Stimme lieber als die, mit der er sich selbst beim Sprechen sprechen oder beim Singen singen hört.

Etliche Jahre später erwischte es mich nochmals: Ich sah mich selbst zum ersten Mal in bewegten Bildern – mein Vater hatte eine der ersten Videokameras erworben. Ich sah mich mit neuen Augen. Im Video konnte ich nicht den Menschen erkennen, den ich aus dem Spiegel kannte.

Inzwischen habe ich festgestellt, dass man mit ein wenig Übung lernen kann, sich selbst so zu hören, sich selbst so zu sehen, wie es andere tun. Das ist nicht immer schmeichelhaft für das Selbstbild. Und auch das ist interessant, wenn vielleicht auch etwas ernüchternd: Wir scheinen uns ganz systematisch selbst zu beschwindeln und uns vor unserem inneren Auge vorteilhafter darzustellen, als es das schmeichelhafteste Foto könnte.

Bei diesem Spiel geht es nur um Äußerlichkeiten. Sie bewegen sich ein wenig vor einer Kamera und sehen sich dann einen netten Menschen an, der sich – vielleicht etwas scheu – vor einer Videokamera bewegt. Und doch ist dieses kleine Spielchen ein erstaunlich hilfreiches Mittel auf dem Weg zur Selbsterkenntnis.

Spiel 23

Haltung

Wir nehmen nichts Sicheres wahr, sondern unsere Wahrnehmungen sind abhängig von der Verfassung unseres Körpers.

Demokrit

Es ist schon auffällig, dass sich viele Wörter unserer Sprache sowohl auf körperliche als auch auf geistig-seelische Zustände beziehen können. So gibt es drei Bedeutungen von »Haltung«:

- Die körperliche Haltung: die Position unseres Körpers im Verhältnis zur Schwerkraft.
- Die geistige Haltung: die Position unserer Einstellungen gegenüber Personen/Dingen/Ereignissen, die wir in Worte fassen können.
- Die seelische Haltung: die Position unserer Gefühle gegenüber Personen/Dingen/Ereignissen.

Eine Erklärung dafür, dass das Wort diese unterschiedlichen Bedeutungen hat, lautet, dass »Haltung« das Körperliche meint und dann erst als Metapher für seelische und geistige »Haltung« verwendet wird.

Wenn wir allerdings etwas genauer hinsehen, fällt uns auf, dass die körperliche Haltung eines Menschen auch etwas über seine geistige und seelische Haltung aussagen kann. Wir alle wissen, dass unsere Gefühle unsere Körperhaltung beeinflussen. Aber noch interessanter ist vielleicht, dass sich umgekehrt die körperliche Haltung auf die geistig-seelische Haltung auswirkt.

Spielregeln

Nehmen Sie unterschiedliche Körperhaltungen ein. Bleiben Sie jeweils mindestens eine Minute in jeder Haltung, und achten Sie auf Ihre Gefühle. Beobachten Sie, wie sich die unterschiedlichen Haltungen auf Ihre Gefühle auswirken.

Dauer: 10 Minuten Schwierigkeitsgrad: III

Überkommt uns eine Depression, gehen wir »vom Gram gebeugt« durchs Leben, lassen wir den Kopf hängen. Lassen wir uns ohne Ziel orientierungslos durchs Leben treiben, werden wir dazu neigen, uns auch körperlich hängen zu lassen und erscheinen wenig standfest. Sind wir hart und unbeugsam in unseren Einstellungen, werden wir auch körperlich wenig entspannt sein.

Körper, Seele und Geist sind eins und beeinflussen sich gegenseitig. Unsere Seele scheint durch unseren Körper hindurch. Doch der Körper ist weder ein passives Transportmittel der Seele noch ist er überhaupt getrennt von ihr. Daher werden wir bemerken können, dass sich Geist und Seele mit der körperlichen Haltung verändern. Wir verändern bewusst – also durch eine *geistige* Aktivität – unsere *körperliche* Haltung und nehmen damit Einfluss auf unser Gefühlsleben, unsere *seelische* Haltung!

Ob das auch wirklich funktioniert?
Ich habe eine Übung entdeckt, mit der Sie diese geheimnisvolle Verbindung besonders deutlich spüren können. Sie heißt »Sonne-Mond«-Haltung.

Die Sonnenhaltung ist die Haltung, die wir einnehmen, wenn es uns rundum gut geht, wenn wir zufrieden mit dem Leben und uns selbst sind. Die Mondhaltung ist ihr Gegenteil.

Lassen Sie uns den Tag zur Nacht machen und mit der Mondhaltung beginnen. Atmen Sie ganz flach. Ihr Kopf sinkt nach vorn, Ihre Schultern ziehen sich zur Brust, die Bauchmuskeln sind angespannt. Rümpfen Sie die Nase und kneifen Sie dabei die Augen ein wenig zusammen. Ziehen Sie Mundwinkel nach unten.

Sie sehen nun todtraurig aus. Aber wie sieht es in Ihnen aus? Haben Ihre Gefühle eine bestimmte Richtung bekommen? Ich vermute, dass Sie dabei auf einen inneren Widerstand stoßen, wenn Sie versuchen, an positive Dinge zu denken!

Der Tag bricht an. Verwandeln Sie die Mondhaltung langsam in die Sonnenhaltung. Sie entspannen die Bauchmuskeln, Ihre Augen weiten sich, die gefaltete Stirn glättet sich. Ihr Blick hebt sich, der Kopf richtet sich auf. Augenbrauen und Mundwinkel gehen nach oben, die Schultern nehmen Sie zurück, und die Wirbelsäule wird gerade. Sie atmen tief ein und aus.

Sie wirken entspannt und voller Energie. Und ist es nicht tatsächlich ein wenig so?

Spielen Sie mit allen möglichen Körperhaltungen weiter. Machen Sie sich ganz schlaff und schlurfen Sie durch Ihre Wohnung. Hüpfen Sie wie ein junges Mädchen. Rollen Sie sich zu einem Ball zusammen. Blicken Sie starr zu Boden. Heben Sie die Augen zum Himmel, breiten Sie die Arme aus. Wenn Sie die unterschiedlichen Gefühle spüren können, machen Sie sich bewusst, wer diese Gefühle herbeigeführt hat.

Spiel 24 Zurück nach vorn

Es ist fast unmöglich, heutzutage noch eine Situation zu finden, die durchaus neu wäre. Bloß die Anschauungsweise und die Kunst, sie zu behandeln und darzustellen, können neu sein.

zu Soret, 14. 2. 1830
Johann Wolfgang von Goethe

Wie wäre das Leben, könnten Sie immer nur in eine Richtung gehen und nie wieder dorthin zurückkehren, wo Sie einmal waren? Vielleicht scheint Ihnen das unvorstellbar. Und doch tun Sie genau das. Sie können nach oben und unten, nach Westen und Osten, nach Norden und Süden gehen. Aber stets gehen Sie geradewegs, unaufhaltsam und unwiderruflich der Zukunft entgegen. Ohne sie je zu erreichen.

Glücklicherweise bleibt Ihnen noch genügend Bewegungsfreiheit in drei Dimensionen. Was macht es da schon, dass uns in der vierten die Richtung vorgegeben ist? Drei Dimensionen reichen aus. Eigentlich genügen sogar zwei. Nach oben und unten bewegen Sie sich kaum (Treppen oder Berge zählen nicht, denn auch dann bewegen Sie sich weiterhin auf einer Ebene – die in der dritten Dimension gekrümmt ist). Wenn jedoch geradeaus dort ist, wohin die Nase weist, ist es eigentlich nur noch eine Dimension, in der Sie sich bewegen.

Wer weiß, was Sie alles verpassen, wenn Sie sich von Ihrer Nase vorschreiben lassen, wo es langgehen soll. Wollten Sie nicht manchmal wissen, was die Menschen so treiben, wenn Sie an ihnen vorübergegangen sind? Im folgenden Spiel können Sie das feststellen.

Spielregeln

Folgen Sie ausnahmsweise einmal nicht Ihrer Nase, sondern lassen Sie Ihre Nase Ihnen folgen. Gehen Sie rückwärts.

Dauer: 5 Minuten *Schwierigkeitsgrad: I*

Vieles ist nicht umkehrbar. Wir können eine Uhr zusammenbauen (ich nicht, aber ein Uhrmacher), sie auseinander nehmen (problemlos) und wieder zusammenbauen (theoretisch). Aber versuchen Sie das einmal mit einem Spiegelei! Das Entspiegeln des Eis ist nicht nur praktisch, sondern auch theoretisch unmöglich.

Es ist oft die Rede vom ewigen Werden und Vergehen. So wichtig es ist, sich dies bewusst zu machen, so richtig ist es auch, dass selbst dieses Prinzip der Vergänglichkeit unterworfen ist. Das ewige Werden und Vergehen ist ebenso vergänglich wie alles andere.

Die Erfahrung, inklusive der Erfahrung unserer Ahnen, lehrt uns etwas anderes: Jeden Abend geht die Sonne unter und am Morgen wieder auf. Menschen sterben, und Menschen werden geboren. Uhren werden auseinander genommen und wieder zusammengesetzt. Spiegeleier werden gebraten und neue Eier eingekauft. Alles in allem geht es allerdings bergab.

Schütten Sie Wasser und Wein in einem Krug zusammen. Dann füllen Sie zwei Gläser. Die Wahrscheinlichkeit, dass in einem Glas nur Wein und im anderen nur Wasser ist, ist unvorstellbar klein. In diesem theoretischen Fall wäre die Ordnung erhalten geblieben. Doch Sie werden stets verwässerten Wein bekommen. Die Unordnung nimmt zu.

Das Universum als Ganzes strebt danach, unordentlich zu werden. Dafür gibt es sogar ein Gesetz: das zweite Gesetz der Thermodynamik. Es gibt allerdings keine Strafe für eine Übertretung dieses Gesetzes – da dies ohnehin nicht geschieht.

Manchmal sieht es allerdings so aus. Während überall im Kosmos die Unordnung zunimmt, scheint das Leben diese Regel zu durchbrechen. Selbst das einfachste Lebewesen ist weitaus komplexer (und damit geordneter) als die komplexeste nichtorganische Materie. Dennoch: Das Universum gestattet keine Ausnahme. Bestenfalls die Illusion einer Ausnahme. Mit der räumlich und zeitlich begrenzten Zunahme an Komplexität verhält es sich in etwa so wie mit dem Wasser, das über ein Steinchen strömt und dabei lokal kurzfristig bergauf fließt. Der Fluss als Ganzes strömt dabei dennoch bergab.

Ebenso verhält es sich mit der Energie, die das Leben benötigt. Sie stammt von der Sonne, die sie bedenkenlos ins All verströmt und sich damit ständig ihrem Verlöschen nähert. Vielleicht ist die Menschheit, wenn es einmal so weit sein wird, bereits unter einer neuen Sonne zu Hause. Doch auch sie wird wie alle anderen erlöschen, bis schließlich alles still wird. Alle Energie ist gleichmäßig im Universum verteilt.

Sie können dennoch in aller Ruhe ein Apfelbäumchen pflanzen. Ein paar Billiarden Jahre haben Sie wohl noch Zeit, Spiegeleier zu braten und rückwärts zu gehen, wobei Ihre Komplexität zunimmt, dem Rest des Universums ein wenig Energie entzieht und die endgültige Ruhe keinen Augenblick hinauszögert.

Spiel 25 Scherzhaft schmerzhaft

Perfer et obdura! Dolor hic tibi proderit olim.
Harre nur aus in Geduld: Der Schmerz wird einst dir noch nützen.

Liebesgedichte III, 11
Ovid

Ein Indianer, so sagt man, kennt keinen Schmerz. Diese scheinbar beneidenswerte Unkenntnis wäre, allerdings nicht nur für die Pharmaindustrie, sondern auch für den Indianer selbst bedauerlich.

In aller Regel verabscheuen wir Schmerzen. Sind sie da, wollen wir sie am liebsten sofort wieder loswerden. Und genau das ist auch ihre Funktion. Schmerzen motivieren uns zu handeln. Ohne Schmerzempfindlichkeit wären wir kaum überlebensfähig, weil wir Verletzungen ignorieren würden. Wären Sie schmerzlos, würden Sie Ihre Hand auf eine rot glühende Herdplatte legen, sich über den Geruch nach Verbranntem wundern und dann die Entstehung lustiger Bläschen auf Ihrer Haut bestaunen. Soweit mag das ja immer noch besser sein als die Schmerzen. Wenn dann allerdings die Hand abfällt, beginnt es lästig zu werden – vor allem, wenn Ihnen eine Karriere als Konzertpianist vorschwebte.

Schmerzen sind also notwendig. Mitunter vielleicht sogar mehr. Der Yoga-Meister Iyengar sagte einmal: »Lass den Schmerz dein Lehrmeister sein.« Das bedeutet nun nicht, wie man vielleicht zunächst anzunehmen geneigt ist, dass der Yogi ein Opfer sadistischer Zwangsvorstellungen wäre. Und im folgenden Spiel geht es auch nicht etwa um Masochismus.

Spielregeln

Stellen Sie sich bequem hin. Wenn Sie möchten, können Sie schöne Musik auflegen. Heben Sie nun Ihre Arme wie ein Schlafwandler vor sich ausgestreckt. Die Hände sind (und bleiben!) etwa in Schulterhöhe. Halten Sie sie länger oben, als Sie es aushalten.
Dauer: länger! *Schwierigkeitsgrad: III*

Können wir wirklich von Schmerzen etwas lernen? Außer, dass sie wehtun – aber das ist schnell gelernt. Sie mögen zwar ein wichtiges Signal dafür sein, dass uns etwas Schaden zufügt und wir so bald wie möglich etwas dagegen unternehmen sollten. Aber darüber hinaus? Ist Schmerz nicht völlig sinnlos, nachdem er seine Warnfunktion erfüllt hat?

In der Tat. Doch das Märchen von der Prinzessin auf der Erbse lehrt uns nicht nur, dass es Prinzessinnen offenbar mitunter zu gut geht, sondern auch, dass die Schmerzschwelle individuell sehr unterschiedlich ist. Während die Königstochter bereits einen sanften Druck auf ihren zarten Leib als unerträglich empfindet, erträgt der Indianer nicht nur dies, sondern auch schwerere körperliche Beschädigungen mit Gleichmut.

Doch die äußerliche Ruhe des Indianers muss bedeuten, dass er keinen Schmerz spürt. Und doch gibt es durchaus einen Zusammenhang zwischen gefühltem und geäußertem Schmerz. Wer über Schmerzen klagt, richtet sein Bewusstsein auf die unangenehme Empfindung. Wer schweigt, kann das natürlich auch tun. Er wird aber eher nach Wegen suchen, den Schmerz weniger zu empfinden – beispielsweise indem er sich bewusst auf andere Wahrnehmungen konzentriert oder den Schmerz emotional anders bewertet (wie es Sportler oft bei Muskelkater tun: Der Schmerz ist eine Bestätigung für das Geleistete).

Ist es also sinnvoll die Zähne zusammenzubeißen, still zu leiden und es dem Indianer gleichzutun? Nein. Aber es ist äußerst sinnvoll, sich darin zu üben, Schmerzen loszulassen, nachdem sie ihre Warnfunktion erfüllt haben. »Schmerzen loslassen« heißt zu lernen, das Bewusstsein von der Schmerzempfindung abzuziehen.

Meister Iyengar meinte wohl das. Aber noch mehr. Schmerzen können uns etwas über uns selbst lehren. Sie können uns zeigen, wo wir uns verspannen, falsch halten oder bewegen. Und damit wären wir bei dem, was dieses Spiel ausmacht.

Wenn Sie Ihre Arme heben, werden Sie nicht glauben, dass Ihnen diese Haltung zu anstrengend werden könnte. Nach einigen Minuten sieht die Sache aber schon anders aus. Die Arme scheinen schwerer geworden zu sein, die Schultern beginnen zu schmerzen und möglicherweise juckt auch noch die Nase. Irgendwann wird es so intensiv, dass Sie glauben, es nicht mehr auszuhalten. Wie schaffen es Zen-Meister, eine Stunde lang in dieser Position zu verharren? Ist das ein Trick oder ein Geheimnis? Oder nur jahrelanges Muskeltraining?

Es ist viel einfacher. Physiologisch gibt es keinen Grund, weshalb Sie Ihre Arme nicht ein oder zwei Stunden heben könnten. Das Gewicht Ihrer Arme ist für die Muskeln, die sie bewegen, sehr gering. Der Schmerz sagt Ihnen: Pass auf – du verwendest deinen Körper nicht richtig. Es sind die Verspannungen und die Vorstellung des Schmerzes, die wehtun. Lassen Sie einfach los.

Spiel 26

Kalte Füße

Nunc est bibendum, nunc pede libero
pulsanda tellus!
Jetzt lasst uns trinken, und mit freiem Fuß
den Boden stampfen.

Oden I, 37
Horaz

Über viele Flüsse strömt die Welt in das Meer unseres Bewusstseins. Manche Zuflüsse sind gewaltige Ströme, andere kleiner. Aber erst alle zusammen geben dem weiten Ozean seine lebendige Vielfalt.

Der größte aller Ströme ist für gewöhnlich der Nervus opticus, der der inneren Welt das äußere Licht bringt. Ein weiterer bedeutender Fluss ist der Nervus vestibulocochlearis, der der Welt Klang gibt. Es gibt noch weitere Zuflüsse. Auch Gerüche und Geschmacksrichtungen bilden die vermutete äußere Welt in uns ab. Je mehr uns die einzelnen Aspekte der Welt zu Bewusstsein kommen, desto eher werden wir das Ganze erfassen.

Apropos erfassen: Kein Sinn verbindet uns so unmittelbar und direkt mit der materiellen Welt wie der Tastsinn. Wir begreifen die Welt nicht nur mit unseren Händen. Mit dem ganzen Körper können wir die Welt spüren. Den Wind in unseren Haaren, den Regen auf den Lippen, die Sonne auf unserer Haut. Schnee und Sand spüren wir, ohne sie sehen zu müssen. Unsere Fingerkuppen sind so empfindlich, dass wir sie sogar zum Lesen einsetzen können.

Unseren Füßen verwehren wir jedoch meist, die Welt unter ihnen zu ertasten. Eigentlich schade.

Spielregeln

Spüren Sie den Boden unter Ihren Füßen, nicht die Schuhsohlen. Gehen Sie barfuß durch die Stadt. Achten Sie auf Ihre Schritte und nicht auf die erstaunten Blicke Ihrer Mitmenschen.
Dauer: 10–60 Minuten *Schwierigkeitsgrad: II*

Natürlich sind Schuhe in der Regel eine durchaus gute Sache. Vor allem beim Spaziergang über Vulkanfelder, Säurepfützen oder die Antarktis. Es gibt auch noch andere Gründe, Schuhe zu tragen. Frau möchte gern langbeiniger wirken, man hat unschöne Zehen, oder das Personal des Viersternerestaurants besteht auf einem Strick um den Hals und bedeckte Füße.

Trotz all dieser Vorzüge hat auch das Barfußgehen seinen Reiz. Manche Menschen haben die Freuden der Nacktfüßigkeit für sich entdeckt. Sie sind bei Wind und Wetter untenrum unbekleidet und genießen es. Dann werden sie mit der erstaunlichen Tatsache konfrontiert, dass nackte Füße oder andere unbedeckte Körperteile in der Öffentlichkeit zu zeigen von einer Mehrheit als unnatürlich angesehen wird. Wenn Sie das Spiel wagen, werden Sie sicherlich einige erstaunte Blicke ernten.

Das Erste, was ich bemerke, ist die Empfindlichkeit meiner Fußsohlen. Jedes Kieselsteinchen drängt sich schmerzhaft in mein Bewusstsein. Es ist lange her, dass ich – abgesehen von Sandstränden – barfuß unterwegs war. Durch den jahrelangen Schutz wird der Schutz umso nötiger. Es klingt vielleicht wunderlich, doch vielleicht gehen wir nur deshalb so selten barfuß, weil wir so selten barfuß gegangen sind?

Ich spüre außerdem einen merkwürdigen Widerwillen dagegen, dass meine Füße schmutzig werden. Aber das immerhin vergeht schnell wieder – ganz im Gegensatz zu dem schmerzhaften Pieksen der im letzten Winter gestreuten Steinchen. Es ist Ende März, und der Boden ist ziemlich kalt, doch das stört mich kaum. Auch die misstrauischen und missbilligenden Blicke im Supermarkt sind eher amüsant als störend.

Allmählich beginne ich zu ahnen, dass das Barfußgehen wirklich neue Gefühle mit sich bringt. Obwohl ich auf gepflasterten Wegen zwischen Häuserblöcken gehe, fühle ich mich auf merkwürdige Art und Weise mit der Natur verbunden. Wie mag es sich dann erst auf natürlichem Boden anfühlen! Wahrscheinlich zu schmerzhaft für meine zarten Füßchen … Tatsächlich veranlasst mich der Kiesweg in den Park zu einer storchenartigen Fortbewegungsweise. Doch als meine Füße danach mit dem weichen Grasboden in Berührung kommen, jubeln sie.

Wieder zu Hause, mit frisch gewaschenen Füßen, bleibt ein gutes Gefühl der Frische. Als ich dann wieder Schuhe anziehe, kommt es mir beinahe komisch vor, meine frei geborenen Füße in Fesseln zu legen.

Tatsächlich lebt es sich intensiver und bewusster mit nackten Füßen. Diesen Sommer werde ich das genauer erkunden.

Spiel 27 Unterwerfung

Das aber glauben alle Dichter: Dass, wer im Grase oder an einsamen Gehängen liegend die Ohren spitze, etwas von den Dingen erfahre, die zwischen Himmel und Erde sind.

Zarathustra II. Von den Dichtern
Friedrich Nietzsche

Demut gehört zum Kanon der vielen Eigenschaften und Verhaltensweisen, die als Tugenden apostrophiert werden. Wie Tugend, so ist auch das Wort Demut ziemlich aus der Mode gekommen. Schon der Begriff der Tugend löst nicht immer positive Assoziationen aus, zumal wenn dann zu allem Überfluss auch noch von »deutschen Tugenden« die Rede ist.

Der Demut geht es nicht viel besser. Schopenhauer meinte wohl sich selbst, als er meinte, dass die Demut (bzw. Bescheidenheit) dem durchschnittlichen Menschen nur angemessen, beim Genie hingegen reine Heuchelei sei. Auch Nietzsche sah in der Demut nur einen Teil der »Sklavenmoral«. Der ursprüngliche Sinn des Wortes ist schließlich »Gesinnung des Dienenden«.

In der Tat ist Demut oft nichts weiter als Kriecherei vor Mächtigen, Berühmten, (Einfluss-) Reichen. Selbst die Demut vor Gott ist mitunter nicht mehr als das. Doch sie kann mehr sein. Die »Gesinnung des Dienenden« ist das Gegenteil von Selbsterhebung, Stolz und Hochmut, der eigenen Selbstüberschätzung und Vermessenheit. Und es ist ja nicht etwa so, dass wir uns nichts und niemandem unterwerfen würden. Zumindest doch dem Götzen Ego.

Spielregeln

In diesem Spiel müssen Sie gar nichts tun. Nicht einmal der Schwerkraft widerstehen. Legen Sie sich auf den Bauch. Liegen Sie flach ausgestreckt, die Hände nach vorn, auf dem Boden, und achten Sie auf die Gefühle, die in Ihnen hochkommen.
Dauer: 10 Minuten   *Schwierigkeitsgrad: II*

Mönche liegen manchmal in dieser Haltung vor dem Kreuz. Sie machen sich ganz klein vor dem Größten – was in Anbetracht ihrer Winzigkeit nicht wirklich einen Unterschied macht. Mir scheint, dass dem Schöpfer an solchen Unterwerfungsgesten herzlich wenig gelegen sein kann, auch wenn ich weit entfernt davon bin zu glauben, dass ich den Willen Gottes kenne. Doch vielleicht unterwirft der Mönch sich gar nicht Gott. Er unterwirft sein Ego seinem wahren Wesen, sein »kleines Ich« seinem »großen Ich«.

Wenn die Welt vor allem vom eigenen Selbst ausgefüllt ist, ist diese Welt klein – doch das Ego erscheint in dieser kleinen Welt gewaltig. Je größer das Ego, desto schwieriger wird es, sich auf das Spiel einzulassen.

Unterordnen ist für manche Menschen gleichbedeutend mit Versagen, Heuchelei oder dem Verlust der Würde. Sich unterzuordnen kann mitunter sogar so schwierig werden, dass eher Tod in Kauf genommen wird. Giordano Bruno starb am 17. Februar 1600 auf dem Scheiterhaufen, weil er darauf bestand, dass sich die Erde um sich selbst und die Sonne dreht.

Man mag sein Eintreten für die Wahrheit bewundern. Doch war es nicht eher ein Eintreten für sein »kleines Ich«? Bedarf denn die Wahrheit heldenhafter Menschen, die für sie eintreten? Die Wahrheit ist, dass es der Wahrheit völlig gleichgültig ist. Mag man sich auch dafür opfern – die Wahrheit bleibt unverändert.

Was dunkel ist, ist hell,
was trüb ist, das ist klar.
Was langsam ist, ist schnell,
doch was wahr ist, das ist wahr.

Es bedarf nicht etwa großer Wahrheiten, um das Ego zu aktivieren. Schon ein kleiner alltäglicher Streit ist ein Kampf des »kleinen Ichs« um Kontrolle. Es identifiziert sich mit seiner Position – die es nicht verändern kann, da es sein kleines Universum nahezu ausfüllt. Eine Veränderung der Position ist dann immer ein Vordringen in ein größeres Universum. Und für das Ego ist dieses größere Universum bedrohlich, gefährlich, vernichtend. Daher wird es alles tun, um seine Position zu halten. Wenn das Ego nicht das wahre Wesen des Menschen überdeckt, wird er nicht streiten. Er wird vielleicht darüber sprechen, wie er die Welt sieht. Doch wird er diese Sicht nicht verteidigen, andere Sichtweisen bekämpfen oder gar anderen seine Sicht aufdrängen wollen. Wozu auch? Er ist ja nicht seine Sichtweise. Sein großes Ich ist nicht bedroht.

Indem wir Unterwerfung üben und erkennen, dass wir nicht uns, sondern nur unser kleines Ich unterwerfen, erfahren wir, dass Gelassenheit, Freiheit von scheinbaren Zwängen und Frieden greifbar sind.

Spiel 28 Regen

Des Menschen Seele
gleicht dem Wasser:
Vom Himmel kommt es,
zum Himmel steigt es,
und wieder nieder
zur Erde muss es,
ewig wechselnd.

Gesang der Geister über den Wassern
Johann Wolfgang von Goethe

Wolken ziehen auf. Die Sonne wird verdunkelt, während sich am Himmel bedrohliche Massen türmen. Der Regen fällt auf die trockene Erde und die durstigen Pflanzen, die das Wasser begierig aufsaugen. Das Wasser dringt in die Tiefe. Nach seiner Odyssee durch die Unterwelt steigt es im Quell wieder zur Oberfläche, fließt als Bach, als Fluss, als Strom dem Ozean entgegen. Nach langer Reise erreicht es das Meer.

Die Sonne wärmt das Wasser, und die Luft wird feucht. Wasserdampf steigt auf und wird vom Wind übers Land getrieben. Der Dunst kühlt ab und kondensiert an winzigen Staubpartikeln. Wolken ziehen auf und verdunkeln die Sonne. Es regnet. Dieser große Kreislauf des Wassers durchdringt alles Leben. In jeder Zelle ist ein kleiner Ozean, dessen Wasser im großen Ozean, im Regen, im Quell, im Fluss und in Tränen der Freude und der Trauer war. Wir selbst haben Teil am Kreisen des Wassers. Ohne Wasser können wir nicht leben. Wir nehmen Wasser in uns auf und geben es wieder ab. Der große Kreislauf durchdringt uns wie alles andere auch.

Und dennoch ist uns der Regen oft lästig.

Spielregeln

Duschen Sie. Dieses Spiel kommt Ihnen vielleicht zu einfach vor; schließlich duschen Sie ja des Öfteren. Das macht nichts. Nicht jedes Spiel muss schwierig sein. Ach ja: Duschen Sie voll bekleidet.

Dauer: 5 Minuten *Schwierigkeitsgrad: II–III*

Wie schwer fällt es Ihnen, mit dem Spiel zu beginnen? Es gibt Menschen, die sofort begeistert unter die Dusche stürzen und andere, denen es einfach nicht gelingt, sich in das ungewohnte Abenteuer zu begeben.

Dabei sind die Einzelaspekte des Spiels völlig alltäglich. Gewiss haben Sie schon einmal, vielleicht sogar heute, geduscht. Und ich gehe davon aus, dass auch Ihre Kleidung ab und zu gewaschen wird. Da wäre es doch eigentlich praktisch, beides auf einmal zu erledigen.

Es geht nicht darum, dass Sie Ihren Armani-Anzug oder Ihr Dior-Kleid ruinieren. Ziehen Sie ruhig alte, abgetragene Sachen an. Etwas mehr als Unterhose und Hemd sollte es allerdings schon sein. Vergessen Sie die Socken nicht.

Der erste Schritt, unter die Dusche, ist noch ganz leicht. Aber den Wasserhahn aufzudrehen kostet schon deutlich mehr Überwindung. Ach, was soll's, was kann schon passieren? Also los!

Es fühlt sich eigenartig an. Erstaunlich ungewohnt. Nicht das Nasswerden – das kennt man von dem ein oder anderen Wolkenbruch. Das Seltsame ist, dass es sich zwar wie Regen anfühlt, doch wie ein warmer Regen. Überraschenderweise ist das Ganze durchaus nicht unangenehm; ganz im Gegenteil. Schließe ich die Augen, fühle ich mich an einem karibischen Strand in einem tropischen Regen stehen. (Der tropische Regen ist sicherlich nicht so warm – aber die Vorstellung von einem tropischen Regen.)

Doch auch, wenn ich mich mit geschlossenen Augen der angenehmen Vision eines karibischen Strandes hingebe, ist mir völlig bewusst, dass ich in München voll bekleidet unter der Dusche stehe. Und dennoch bekomme ich ein Gefühl dafür, dass ich in den Kreislauf des Wassers eingebunden bin. Die Kleidung, durch die das Wasser läuft, klebt am Körper und wird zum Teil von mir – und so läuft das Wasser durch mich hindurch. Es ist so, als wäre ich als Ganzes von Wasser durchdrungen. Und ist es nicht tatsächlich so? Beim gewohnten Nacktduschen stellt sich dieses Gefühl nie ein. Stets ist das Wasser etwas von mir Getrenntes. Das Wasser läuft über mich hinweg. Und auch im Regen, selbst in der Karibik, kommt das Gefühl der Einheit mit dem Wasser nicht so leicht auf. Er ist kälter als der künstliche Regen.

Das Spiel ist also nicht so albern, wie es vielleicht auf den ersten Blick aussieht. Den nächsten Platzregen werde ich anders wahrnehmen.

Ich bin du

»Tat twam asi.« Als ein Herr G. Siddharta vor fast 2500 Jahren dies zum Besten gab, war das Erstaunen seiner Zuhörer nicht geringer als heute. Und das, obwohl seine Zeitgenossen, im Gegensatz zu den meisten von uns, über die entsprechenden Sprachkenntnisse verfügten. »Du bist ich«, behauptete Buddha.

Du sollst ich sein? Ich weiß nicht, ob ich das empfehlen kann. Und ich du?

Offensichtlich meinte Buddha das ein wenig anders. Einfach das eine gegen das andere auszutauschen wäre ein wenig albern. Du bist ich – und beides sind Illusionen. Alles im Universum ist miteinander verbunden, nichts ist von allem anderen getrennt. Ein großer Teil des Leidens geht auf diese Illusion des Getrenntseins zurück. Denn wer wollte einem anderen noch Leid zufügen, wenn er spürte, dass er damit sich selbst Leid zufügt? Mitgefühl ist keine Tugend. Mitgefühl entsteht von selbst, wenn die Täuschung ihre Kraft verliert.

Das Ich scheint uns so wichtig. Es gibt sich auch alle Mühe, diesen Anschein zu erwecken. Und natürlich hat es Angst, verloren zu gehen. Wenn wir hören, dass das Ich möglicherweise eine Illusion sein könnte, geraten wir leicht in Panik. Wenn unser Ich eine Illusion sein sollte, wo bleiben dann wir?

Vielleicht können wir es uns leichter machen, wenn wir sagen: Es gibt eine Illusion, das »kleine Ich«, das um sich selbst tanzt und sich im Spiegel des Geistes bewundert. Wenn dieses Ich den Blick von sich selbst abwendet, wird es zum »großen Ich«, das eins mit der Welt ist und doch es selbst bleibt, als ein einmaliger Bewusstseinsort.

Wenn du ich bist und ich du, dann bin auch ich ich und du du.

Spiel 29 Lächelnswert

Die Fröhlichkeit ist ein Affekt, welcher des Körpers Macht zu handeln vermehrt und unterstützt. Die Traurigkeit ist dagegen ein Affekt, welcher des Körpers Macht zu handeln mindert oder hemmt.

Ethik
Baruch Spinoza

Wird der Mensch eher von seinen Genen oder von der Welt außerhalb der Gene bestimmt? Unsere Hautfarbe wohl eher von den Genen, unsere Nachbarn wohl eher von der Außenwelt, unsere Intelligenz – wer weiß? Eins ist aber sicher: Das Lächeln ist angeboren. Selbst taubblind geborene Babys lächeln.

Ist es nicht verblüffend, dass ein so vielseitiger Gefühlsausdruck nicht Ausdruck unserer entwickelten Persönlichkeit ist, sondern etwas viel »Primitiveres«? Gibt es nicht viele feine Abstufungen des Lächelns? Menschen lächeln aus Höflichkeit, ironisch, sardonisch, amüsiert, verblüfft oder heiter.

Nun können wir freilich aus den unterschiedlichsten Gründen das Gesicht verziehen, doch nicht immer, wenn die Mundwinkel nach oben weisen, ist ein Lächeln zu sehen. Vielleicht ein freundliches Gesicht, vielleicht ein boshaftes Grinsen.

Das Lächeln des Babys und des Weisen sind etwas ganz anderes, Eigenes. Dieses ursprüngliche, wahre Lächeln ist Heiterkeit und Staunen, Ausdruck des inneren Friedens und des Einsseins mit der Welt. Daher ist auch ein wahres Lächeln so selten.

Wir können einmal versuchen, das zu ändern.

Spielregeln

Lächeln Sie. Das ist ja prinzipiell eine gute Sache. In diesem Spiel erkunden Sie, was passiert, wenn Sie fremde Menschen auf der Straße freundlich anlächeln. Fällt es Ihnen schwer? Wie reagieren die Menschen? Was sind Ihre Gefühle dabei?
Dauer: möglichst oft *Schwierigkeitsgrad: II*

Ihnen selbst zuliebe sollten Sie sich bei diesem Spiel um ein aufrichtiges, warmes, echtes Lächeln bemühen. Für den Anfang tut es aber auch ein einfaches, freundliches Lächeln.

Nur eine kleine Bewegung für einen Muskel, doch eine große Wirkung auf die Umgebung. Überhaupt sind winzige Körpersignale mitunter erstaunlich effektiv, um Gefühle auszudrücken. Winken Sie einmal einem Polizeibeamten und beugen Sie dabei alle Finger, außer dem längsten – und Sie werden verstehen, was ich meine.

Bei einem Lächeln sind die Reaktionen natürlich andere. In der Regel positiver. Viele Menschen lächeln freundlich zurück und freuen sich darüber. Vielleicht gibt ihnen Ihr Lächeln einen positiven Impuls für den ganzen Tag. Einige reagieren aber auch irritiert. Es ist einfach nicht normal, von Fremden angelächelt zu werden. Das Herzliche, nicht Berechnende ist kein Teil ihrer Alltagswelt.

Die Irritation kann mitunter sogar komisch sein. Vor Jahren sah ich in einer Unterhaltungssendung einen Mann, der sich in die Einkaufsmeile einer großen Stadt stellte und 20-DM-Scheine verteilte. Nur zwei Passanten nahmen das Geld, lächelten erstaunt und bedankten sich. Die meisten ignorierten ihn. Aber was muss wohl in dem Herrn vorgegangen sei, der fragte: »Können Sie sich überhaupt ausweisen?«

Aber keine Sorge: Um Ihren Mitmenschen freundlich zu begegnen, müssen Sie keinen Berechtigungsschein erwerben. Dafür können Sie aber interessante Einblicke in die Seele anderer bekommen – und in Ihre eigene.

Die natürliche Reaktion auf ein Lächeln ist ein Lächeln. Wie kommt es dann zu Irritation, Arroganz, Nichtbeachtung oder gar Aggression? Vielleicht ist es ganz einfach: Das Ungewohnte beunruhigt – es fehlt an vergleichbaren Erfahrungen. Und wenn Menschen beunruhigt sind, flüchten sie, stellen sich tot oder gehen zum Angriff über. Das sind ganz natürliche biologische Programme.

Zum Glück ist nicht allen Menschen ein herzliches Lächeln völlig fremd. Sie folgen ihrem natürlichen Gefühl und lächeln zurück. In diesem Augenblick bekommen Sie und der andere eine Ahnung davon, wie die Welt sein könnte, wenn sie nicht so wäre, wie sie ist. Freundlich zu lächeln ist keine Heuchelei, sondern einfach natürlicher und angenehmer als die Stirn in Falten zu legen. Es fühlt sich für Sie und diejenigen, die Ihnen begegnen, besser an.

Manchmal kann ein kleines Lächeln die Welt verändern – und sei es auch nur für einen Tag.

Spiel 30

Lovestory

Wer aber geliebt ist, hat leicht regieren.

zu Eckermann, 23.10.1828
Johann Wolfgang von Goethe

Wenn Worte Bälle wären, wäre das Wort Liebe ein bis kurz vor dem Platzen gefüllter Luftballon. Der Ballon beeindruckt durch seine Größe, seine bunten Farben, seine Leichtigkeit und Flexibilität. Manche sagen, er enthielte ein Geheimnis.

So viele Lieben gibt es: die Liebe zu einem neuen Auto, zu Geld, Ruhm und Macht, die Liebe zur Natur, Mutterliebe, sexuelle Liebe und die Liebe zu Gott. Und doch gibt es offenbar zu wenig Liebe. Kaum ein Film, kaum ein Werbespot, kaum ein Roman kommt ohne Liebe aus. Eigentlich erstaunlich, dass es bei dieser Liebesflut überhaupt noch Krieg, Mord, Hass und Gewalt gibt. Obwohl die Liebe in aller Munde ist, scheint sie nicht in aller Herzen zu leben.

Nähern wir uns dem bunten Liebesballon mit der spitzen Nadel des Verstandes, platzt die Hülle. Der Schein ist durchbrochen, alles, was bleibt, ist eine dünne, unscheinbare, schlaffe Hülle. Wenn wir allerdings aufmerksam sind und mit der Hand unserer fühlenden Erkenntnis schnell genug zugreifen, kann es uns vielleicht gelingen, den Diamanten, der im Inneren des Ballons versteckt war, aufzufangen.

Spielregeln

Stellen Sie sich vor, dass Sie von einem höheren Wesen, beispielsweise Gott, geliebt und gefördert werden. Nicht etwa, dass Ihnen Gott persönlich erschienen wäre oder Ihnen besondere Privilegien zugestände. Nein, Sie sind nur von der Gewissheit erfüllt, dass Sie vom Universum geliebt werden und es das Beste für Sie will. Erforschen Sie, wie Ihre Gefühle sich bei dieser Vorstellung verändern.

Dauer: 5 Minuten *Schwierigkeitsgrad: II–III*

Um uns seelisch weiterentwickeln zu können, brauchen wir das Gefühl von Sicherheit. Nicht unbedingt Sicherheit in der unmittelbaren gegenwärtigen Situation. Als reife Erwachsene können wir Herausforderungen angemessen bewältigen. Doch für unsere Entwicklung brauchen wir das Urvertrauen in die Welt. Nur ganz wenige Menschen sind von diesem Gefühl durchdrungen.

Die beste Chance, Urvertrauen zu entwickeln, lag in unserer Kindheit. Wenn das Kleinkind erlebt, dass seine Bedürfnisse ungefragt erfüllt werden, kann es Vertrauen in die Welt gewinnen – und wenn es dann bedingungslos geliebt wird, kann es seelisch wachsen. Doch wie wenige Kinder werden bedingungslos geliebt!

Bedingungslos lieben heißt, keine Bedingungen an emotionale Zuwendung knüpfen – was nicht etwa dasselbe ist, wie alles zuzulassen und jeder Laune des geliebten Menschen zu folgen. Natürlich müssen Kinder Grenzen und Konsequenzen ihrer Handlungen kennen lernen. Doch die Konsequenz sollte niemals Liebesentzug sein. Was kann ein Kind lernen, wenn ihm gezeigt wird, dass die Mutter es nicht mehr liebt, wenn es sich nicht nach ihren Wünschen richtet? Es lernt, emotionale Schutzwälle zu errichten, es entwickelt Ängste, Fehler zu machen, zu versagen oder auch nur Gefühle zu zeigen. Es lernt, sich in sich selbst zu verschließen.

Für jede seelische Entwicklung ist jedoch das Gegenteil nötig: sich zu öffnen und Neues einzulassen. Als Erwachsener die vermissten Erfahrungen der Kindheit nachzuholen ist nicht leicht. Aber es ist möglich.

Jeder Mensch hat die Fähigkeit und den Drang, sich zu entwickeln und zu wachsen. Doch oft halten ihn seine alten Verhaltens-, Denk- und Gefühlsmuster, vor allem aber sein verzerrtes Selbstbild davon ab. Und er kann sie nicht loslassen, solange er sich nicht sicher fühlt. Welches Leid einen Menschen auch plagt: In einer Situation, in der er sich verstanden und bedingungslos angenommen fühlt, wird er sich entwickeln und aus seinen Problemen herauswachsen.

Die Aufgabe eines Therapeuten besteht einzig und allein darin, das Gefühl des Verstanden- und Angenommenseins zu wecken. Doch zum Therapeuten gehen wir, wenn überhaupt, nur in akuter Not. Vielleicht können wir uns aber mit diesem Spiel ein wenig weiterhelfen.

Glauben wir an eine höhere Macht, so können wir uns der größten Liebe und des vollkommensten Verständnisses gewiss sein. Vergessen Sie für ein paar Minuten alle skeptischen Gedanken und das Alte Testament, und genießen Sie das Gefühl, dass Sie von Gott, dem Universum, dem Dao geliebt werden. Das Universum ist nur für Sie geschaffen, damit Sie wachsen und der Mensch werden, der Sie wirklich sind.

Spiel 31

Haufenweise Intelligenz

Jeder sieht am andern nur soviel, als er selbst auch ist; denn er kann ihn nur nach Maßgabe seiner eigenen Intelligenz fassen und verstehen. Ist nun diese von der niedrigsten Art, so werden alle Geistesgaben, auch die größten, ihre Wirkung auf ihn verfehlen, und er an dem Besitzer derselben nichts wahrnehmen als bloß das Niedrigste in dessen Individualität, also nur dessen sämtliche Schwächen, Temperaments- und Charakterfehler.

Aphorismen zur Lebensweisheit V, 23
Arthur Schopenhauer

Intelligenz ist die Fähigkeit, zu lernen und zu verstehen und sich in neuen Situationen erfolgreich zu verhalten. Sie ist ein Maß für Geschwindigkeit und Tiefe von Problemlösungen. Genauer gesagt: von rationalen Problemlösungen. Nun sind aber keineswegs alle oder auch nur die wichtigsten Probleme, mit denen wir uns konfrontiert sehen, Aufgaben, die mit dem rationalen Verstand gelöst werden können. Es gibt Kommunikations- und Beziehungsprobleme, spirituelle Aufgaben, Situationen, die nur intuitiv bewältigt werden können (wie beispielsweise das Fangen eines Balls in Bewegung), ästhetische Probleme …

Es liegt nahe, nicht von der, sondern von mehreren Intelligenzen zu sprechen: beispielsweise von emotionaler, körperlicher, spiritueller oder kreativer Intelligenz. Dennoch wird Intelligenz in aller Regel vorwiegend als Verstandesfähigkeit betrachtet – kaum jemand würde einen Menschen, der sehr gut mit anderen zurechtkommt, wunderbare Bilder malt und Balletttänzer ist, aber nicht sagen kann, wie viel drei mal sieben ist, als intelligent bezeichnen. Einen noch so widerlichen, unkreativen und unbeweglichen Nobelpreisträger hingegen schon.

Und wie sähe wohl eine außerirdische oder künstliche Intelligenz aus? Auf jeden Fall anders, als wir es uns vorstellen.

Spielregeln

Für dieses Spiel benötigen Sie einen Wald – und das Wissen, wo Sie dort einen Ameisenhügel finden können. Versuchen Sie, den Ameisenhügel als intelligentes Wesen zu betrachten. Nicht die einzelnen Insekten, die sind nur die »Nervenzellen« des »Ameisenhügelgehirns«.
Dauer: 10 Minuten *Schwierigkeitsgrad: IV (wenn Sie einen Ameisenhügel finden)*

»Ihrer Staatenbildung verdanken die Ameisen eine erstaunliche Entwicklung ihrer Intelligenz, und dies, sowie ihr energisches Wesen und geselliger Zusammenhalt befähigen sie, eine dominirende Rolle nicht blos unter der niederen Thierwelt, sondern überhaupt zu spielen«, schrieb 1880 Prof. Dr. Gustav Jäger in seinem Handwörterbuch der Zoologie, Anthropologie und Ethnologie.

Eine kuriose Idee, ein intelligenter Ameisenhaufen. In Douglas Hofstadters Meisterwerk »Gödel, Escher, Bach« unterhalten sich Achilles, ein Krebs, ein Ameisenbär und die etwas schrullige Tante Colonia – ein Ameisenhaufen. (Zu allem Überfluss verläuft das Gespräch in Form einer Fuge!) Ein netter Spaß – doch ist es nicht völlig abwegig, diesen Gedanken ernst zu nehmen?

Im Gegensatz zu dem altehrwürdigen Professor können wir wohl davon ausgehen, dass Ameisen nicht intelligent sind. Wie auch, bei einem so einfachen Nervensystem? Und ein Haufen Nicht-Intelligenz macht noch lange kein Genie.

Doch rufen wir uns noch einmal ins Gedächtnis zurück, dass es nicht um intelligente Ameisen, sondern um einen intelligenten Ameisen*haufen* geht. Nun ist ein Ameisenhaufen allerdings etwas anderes als ein Haufen Ameisen. Vermutlich glauben Sie auch nicht, dass die Nervenzellen Ihres Gehirns auch nur einen Funken Intelligenz besitzen – und doch sind Sie unzweifelhaft ein denkendes, fühlendes, intelligentes Wesen. Das Ganze ist manchmal mehr als die Summe seiner Teile. Dann nämlich, wenn die Teile in einem organisierten Zusammenhang stehen. Und dies ist beim Gehirn und beim Ameisenhaufen der Fall. So ganz abwegig ist die Idee also wohl doch nicht. Wir können sie also zumindest als (entfernte) Möglichkeit in Betracht ziehen.

Nehmen wir einmal an, unsere Nervenzellen wären noch komplexer als es lebende Zellen ohnehin sind. Nehmen wir weiter an, sie wären etwas weiter voneinander entfernt und kommunizierten mittels chemischer Botenstoffe über die breiteren synaptischen Spalten (auch im Normalfall besteht ein Spalt zwischen den Nervenzellen im Gehirn!). Bisher hätte sich nicht allzu viel Bedeutsames verändert. Sie wären wohl immer noch ein denkender und fühlender Mensch.

Jetzt wollen wir den Nervenzellen noch kleine Beinchen verpassen (sechs Stück) und die Schädeldecke entfernen – und siehe da: ein Gewimmel, das verblüffend dem eines Ameisenhaufens ähnelt.

Lassen Sie sich eine Weile auf diese Gedanken ein. Betrachten Sie einen Ameisenhaufen, und ich bin mir sicher, dass Ihre Ehrfurcht vor diesem komplexen Lebewesen wachsen wird. Vielleicht ist es wirklich intelligent. Doch Sie werden ebenso erkennen, dass die mögliche Intelligenz eines Ameisenhaufens eine vollkommen fremde ist.

Wie leicht ist es dagegen doch, unsere Mitmenschen zu verstehen!

Spiel 32 Verkehrte Liebeserklärung

So wie der Mensch sich selber achtet, achtet er seine Natur in jedem anderen Menschen hoch. Selbstachtung ist also das wahre Mittel, das Menschengeschlecht zu vereinigen.

Der natürliche Schulmeister 3
Johann Heinrich Pestalozzi

Wie schwer kann es sein, einem Menschen zu sagen, dass man ihn liebt, schätzt oder auch nur sympathisch findet? Sicher gibt es auch viele, die damit kein Problem haben. Aber es gibt noch mehr, denen es sehr schwer fällt, (positive) Gefühle zu zeigen. Und das sind nicht etwa nur Männer.

Auffällig ist, dass Schwierigkeiten mit dem Ausdruck von Gefühlen eine Eigenart der (technologisch) höchstentwickelten Regionen zu sein scheint. Wenn wir unsere Gefühle nicht ausdrücken können: Wie sollen die anderen dann wissen, dass wir welche haben? Unsere gezeigten Gefühle sagen viel über uns. Und genau das ist auch die biologische Funktion von Gefühlsäußerungen. Wenn wir versuchen, unsere Gefühle zu verbergen, kämpfen wir gegen unsere Natur. Was haben wir zu verbergen, wenn wir unsere positiven Emotionen in uns behalten? Doch nur uns selbst.

Der Schüchterne, Gefühlsblockierte, Gehemmte glaubt im Grunde seines Herzens, dass er nicht gut genug ist, dass seine Gefühle unangebracht und unwillkommen sind. Natürlich irrt er.

Gleich werden Sie mit Liebeserklärungen konfrontiert – und auch Sie selbst werden Liebeserklärungen machen.

Spielregeln

Stellen Sie sich vor einen Spiegel. Das ist doch eigentlich ein sehr netter Mensch, den Sie da sehen! Und jemand, den Sie wirklich gut kennen und – wenn alles mit rechten Dingen zugeht – lieben müssten. Lächeln Sie sich an und sagen Sie zu sich selbst: Ich liebe dich!
Dauer: mindestens 5 Minuten   Schwierigkeitsgrad: II

Für Narzissten ist dies wohl das leichteste aller Spiele. Doch für alle anderen? Ich kann es gut nachvollziehen, wenn Sie sich dabei etwas albern vorkommen. Es wirkt ja schon ziemlich selbstverliebt, sich vor den Spiegel zu stellen und sich anzuhimmeln. Freilich. Aber es sieht ja niemand zu. Es geht also nur um Sie und die Schwierigkeiten, denen Sie in diesem Spiel begegnen können. Die größte Schwierigkeit besteht darin, nicht nur »ich liebe dich« zu sagen, sondern es aufrichtig zu meinen.

In der Tat fällt es den meisten Menschen nicht gerade leicht, sich selbst zu lieben. Zwar lieben viele Ihren Nächsten wie sich selbst – doch wir sehen tagtäglich, wohin das führt … Vielleicht wäre es gar nicht so übel, sich selbst von Herzen zu lieben – dann klappt's auch mit dem Nachbarn. Liebt man sich selbst, ohne selbstverliebt zu sein, wie könnte man dann noch jemanden hassen?

Wenn das Herz voll Liebe ist, ist einfach kein Raum für Hass. Wozu auch? Lieben ist doch viel angenehmer als hassen – oder auch nur missachten, ignorieren oder verachten. Warum ist es dann manchmal so schwer, sich selbst zu lieben? Je besser wir uns kennen, desto eher werden uns unsere vielen Mängel und Schwächen bewusst. Ein Narzisst, der sich nicht selbst liebt, sondern nur selbstverliebt ist, kennt sich selbst kaum.

Aber ist es wirklich so, dass wir uns nicht lieben, weil wir so fehlerhaft und unvollkommen sind? Wir müssen nicht allzu lange nachdenken, um zu erkennen, dass das nicht stimmen kann. Lieben wir wirklich nur vollkommene Menschen? Dann lieben wir niemanden und werden auch nie jemanden lieben. Was einen Menschen liebenswert macht, ist nicht seine Vollkommenheit. Vielleicht sogar das Gegenteil.

Sie stehen vor dem Spiegel und sehen sich an. Vielleicht gefällt Ihnen Ihre äußere Erscheinung nicht, vielleicht ist es aber auch Ihr Innenleben, mit dem Sie nicht zufrieden sind. Doch dieser Mensch, den Sie vor sich sehen, hat Sie durch alle Höhen und Tiefen Ihres Lebens begleitet. Er kennt und versteht Sie besser als irgendjemand anderes. Er versteht Ihre Schwächen und Ihre Unzufriedenheit, fühlt Ihre Sorgen, Nöte, Hoffnungen, Freuden und Schmerzen.

Im Grunde genommen ein wirklich netter Mensch, wenn man ihn nur richtig kennen lernt. Er wird immer zu Ihnen stehen, wenn Sie es zulassen.

Sagen Sie Ihm, was Sie für ihn fühlen.

Spiel 33 Vorwärts in die Vergangenheit

Und was kein Verstand der Verständigen sieht,
das übet in Einfalt ein kindlich Gemüt.

Die Worte des Glaubens
Friedrich von Schiller

Während wir uns in unsere Vergangenheit denken, bewegen wir uns weiter durch die Gegenwart in die Zukunft. Auch wenn die Reise in Zeiten führt, die wir schon einmal erlebt zu haben glauben, bestimmt die Art und Weise, wie wir reisen unser Jetzt, wie wir uns gegenwärtig fühlen – und unsere Zukunft, indem wir aus der Vergangenheit Inspiration für Kommendes gewinnen.

Vergangene Freude lehrt uns, was uns wirklich wichtig ist. Vergangenes Leid lehrt uns die Realität der Vergänglichkeit und das Mitgefühl. Die Vergangenheit ist tot. Lebendig ist nur die gegenwärtige Erinnerung an die Vergangenheit. Und in der Gegenwart können wir lernen.

Es liegt natürlich an uns, ob wir diese Lehren annehmen. Reisen in die Vergangenheit können auch die Gegenwart unerträglich machen und die Zukunft vergiften. Sehnen wir uns nach der freudvollen Vergangenheit, wird diese ewig unerfüllte Sehnsucht uns der Gegenwart berauben. Suhlen wir uns in vergangenem Leid, leiden wir tatsächlich in der Gegenwart – und werden blind für neue Wege in eine freudvollere Zukunft.

Reisen wir bewusst und aufnahmebereit, werden wir diese Fehler leicht vermeiden können. Gute Reise!

Spielregeln

Die Schwierigkeit bei diesem Spiel liegt nicht im Spiel, sondern in der Vorbereitung: Versuchen Sie ein altes Spielzeug aus Ihrer Kindheit zu finden. Wenn Sie nichts mehr davon haben, suchen Sie auf einem Trödelmarkt. Oder Sie kaufen sich ein neues altes. Und dann spielen Sie, wie Sie früher gespielt haben.

Dauer: 30 Minuten   *Schwierigkeitsgrad: II*

Kinder, wenn sie sich in ein Spiel vertiefen, gelangen in einen besonderen Bewusstseinszustand, denselben, der auch charakteristisch für Meditation, Hypnose oder Trance ist. In diesem Zustand ist die Aufmerksamkeit ungewöhnlich stark gebündelt. Daher sind Menschen in Trance besonders aufnahme- und lernbereit. Innere Bilder sind farbiger, das Erleben ist intensiver und das Bewusstsein ist ganz und gar im gegenwärtigen Tun. Jede Mutter hat schon einmal erlebt, wie ihr Kind so sehr in sein Spiel vertieft war, dass es nichts anderes mehr wahrnahm – schon gar nicht das Rufen der Mutter. In diesem Spiel reisen wir also nicht nur in die Vergangenheit, sondern ebenso in einen anderen Bewusstseinszustand.

In einer bestimmten Phase meiner Kindheit gab es drei Dinge, die mich in Trance versetzten: lesen, auf Bäume klettern und mit Legosteinen spielen. Ersteres klappt auch heute noch gut, Zweiteres würde ich gerne tun, doch hier in der Stadt gibt es keine geeigneten Bäume. Doch das Dritte ist ideal. Zwar sind die alten Legosteine schon lange verschenkt, doch glücklicherweise ist es nicht weiter schwer, neue zu besorgen. Und doch empfinde ich ein wenig Bedauern. Wäre es nicht schön, meine alten Steine, die ich tatsächlich als Kind zusammensteckte, heute wieder in der Hand zu halten?

Ich kann mich noch an ein paar seltene Bausteine erinnern, die meinem Bruder und mir besonders viel bedeuteten, weil sie Aufschriften trugen. Über diese Steine konnten wir schon einmal in Streit geraten. Ich war besonders versessen auf ein kleines Teil, das den Schriftzug und das Logo der Firma Phillips trug. Ein ähnlicher Stein mit der Aufschrift »Telefunken« gefiel mir nicht so gut – er war etwas dicker und das Logo schien mir weniger interessant.

Ich merke, dass ich noch gar nicht mit dem Spielen angefangen habe und doch schon mitten in der Kindheit angekommen bin. Es sind mehr als Erinnerungen: Für einen kurzen Augenblick blitzte ein tiefes Verständnis auf für die Gefühle, die Begeisterung und das Staunen, die kuriosen Vorlieben und Assoziationen des Kindes, das ich war. Als ich dann mit dem Spielen loslegte, vertiefte sich diese Erfahrung, die Momente in denen ich die Welt mit den Augen des Kindes sah, traten öfter auf. Von der Reise habe ich einige Souvenirs mitgebracht. Das schönste ist die Begeisterung und das Staunen über die kleinen Dinge.

Ob Sie mit einer Puppe, Legosteinen oder Murmeln gespielt haben – es lohnt sich, dieses Spiel zu spielen. Nicht wirklich als Kind, aber auch nicht wirklich als Erwachsener.

Spiel 34 Der Mentor

Beim Ratgeben sind wir alle weise, aber blind bei eigenen Fehlern.

Fragmente 1042
Euripides

Der griechische Sagenheld Odysseus hatte einen Freund, dessen Gestalt Athene annahm, um Telemachos, dem Sohn des Odysseus, als Ratgeber zur Seite zu stehen. Der Name dieses Freundes war Mentor. Seither nennt man einen geradezu göttlich weisen Ratgeber oder väterlichen Freund Mentor.

Wer könnte so einen Weisen nicht gut gebrauchen? Wenn es einem schon selbst an Weisheit gebricht, müsste solch ein weiser Ratgeber, der einen auf den rechten Weg führt, eigentlich hoch willkommen sein. Nun sind die Weisen leider rar. Doch gesetzt den Fall, wir träfen tatsächlich auf einen solchen Menschen: Würden wir ihn oder sie denn überhaupt erkennen? Nun, angenommen, wir erkennen den Weisen richtig als Weisen, bliebe immer noch die Frage, ob wir ihn denn wollen.

Vielleicht würden wir uns sogar eine Theorie zurechtlegen, nach der es wichtig sei, ohne Mentor, ohne Hilfe, autonom, nur durch eigenes Nachdenken, Erleben und Fühlen seinen eigenen Weg zu finden.

Ich möchte mich in Ihre Theorien nicht einmischen. Doch ich hätte möglicherweise einen Kompromissvorschlag.

Spielregeln

In diesem Spiel unternehmen Sie eine Zeitreise. Reisen Sie in die Zeit zurück, als Sie ein Kind waren. Suchen Sie das Kind auf, das Sie waren. Welchen Rat würden Sie Ihrem früheren Ich geben? Während Sie das Kind kennen, kennt es Sie nicht. Würde es befolgen, was Sie raten?

Dauer: 10 Minuten *Schwierigkeitsgrad: III*

Nun werden Sie also der Mentor Ihres früheren Selbst. Damit haben Sie eine verantwortungsvolle Aufgabe übernommen. Schließlich werden Sie nicht einfach per Dekret des Spielleiters zum Weisen erklärt. Ob Sie ein solcher sind, wird sich im Lauf des Spieles erweisen.

Aber keine Angst: Sie können das Spiel immer wieder spielen und allmählich vom Halbweisen zum Hilfsweisen und schließlich zum Vollweisen werden, indem Sie sich in Weisheit üben. Drei Dinge sind besonders wichtig:

- *Was* würden Sie raten? Können Sie einen sinnvollen Rat geben? Haben Sie eine Idee davon, was wichtig wäre?
- *Wo* liegen die Schwierigkeiten? Können Sie die Konsequenzen Ihrer Ratschläge sehen?
- *Wie* sagen Sie es dem Kind? Ein Rat ist sinnlos, wenn er so gegeben wird, dass er nicht angenommen werden kann.

Sie sind nicht irgendein Mentor, sondern in vielerlei Hinsicht der ideale Ratgeber. Niemand kennt dieses Kind so gut wie Sie, nicht einmal seine Mutter. Sie haben all die Erfahrungen gemacht, die Ihr Schützling noch vor sich hat. Sie wissen, was Sie gut können, was Ihnen gelungen ist und was Ihnen gut getan hat. Eigene Erfahrungen sind zwar in der Regel nicht unbedingt der beste Leitfaden, wenn es darum geht, andere Menschen zu beraten. Aber wie sieht es in diesem besonderen Fall aus?

Schwieriger wird es beim didaktischen Teil. Wie sagen Sie das, was Sie sagen wollen, am besten? Doch Sie wissen ja, wer Sie sind (oder denken, gewesen zu sein). Deshalb werden Sie mit ein wenig Nachdenken schon einen Weg finden.

Das größte Problem ist indes die Frage nach den Konsequenzen. Ein großes Leid abzuwenden – ist das nicht immer gut? Die Schwierigkeit ist nur, dass Sie zwar wissen, was (so weit Sie erkennen können) nicht gut war. Aber können Sie auch sehen, was stattdessen kommen würde? Was tritt an die Stelle des Vermiedenen? Vielleicht schützen Sie das Kind davor, einen Schulstreich auszuhecken, der ihm großen Ärger einträgt. Doch vielleicht fällt ihm etwas noch weitaus Schlimmeres ein? Oder vielleicht sind manche schmerzhafte Erfahrungen auch wichtig für die persönliche Entwicklung?

Dieses Spiel habe ich geträumt. Ich begegnete meinem einstigen Selbst und überlegte verzweifelt, was ich ihm sagen könnte. Eine ganze Reihe von Ideen tauchten auf: den ersten Liebeskummer abwenden, die Schule etwas ernster nehmen … Aber könnte ich die Folgen wirklich abschätzen?

Schließlich blieben zwei Dinge. Ich sagte ihm, dass ich ihn gern habe und dass es eine gute Idee wäre, Cello zu lernen.

Spiel 35 Überflüssig?

Ich habe meinen guten Namen verloren! Ich habe das unsterbliche Teil von mir selbst verloren, und was übrig bleibt, ist tierisch.

Othello II, 3 (Cassio)
William Shakespeare

Was macht ein Ding zu genau diesem Ding? Was macht beispielsweise einen Würfel zu einem Würfel? Ist es ein kleiner, schwarz lackierter Holzblock, der auf jeder Seite kleine kreisförmige Vertiefungen hat, die golden ausgemalt sind? Die Anzahl der goldenen Punkte liegt zwischen eins und sechs. Auf der Seite mit den sechs Punkten ist ein kleiner Kratzer. Oder ist es ein regelmäßiger sechsseitiger Polyeder?

Natürlich wird beide Male ein Würfel beschrieben. Die zweite Beschreibung beschreibt eine abstrakte Idee, die erste ein Individuum. Was macht den ersten Würfel zu eben diesem Individuum? Man könnte sagen: alles. Doch wenn wir einmal jede Spitzfindigkeit beiseite lassen – was ist unbedingt notwendig, damit wir den Würfel noch als denselben betrachten? Ein paar Kratzer mehr. Es bleibt derselbe Würfel. Der Lack abgegriffen und matt, vom Gold in den vertieften Punkten ist kaum noch etwas zu sehen. Es ist immer noch der Würfel aus dem Mensch-ärgere-dich-nicht-Spiel meiner Kindheit. Doch würde der Würfel zur Kugel abgeschliffen, anders lackiert und mit bunten Häschen bemalt, dann wäre irgendwo dazwischen mein Würfel verloren gegangen. An welcher Stelle? Wohin?

Spielregeln

Dieses Spiel ähnelt ein wenig dem Mikado. Nur nehmen Sie keine Stäbchen von einem wirren Haufen, sondern Teile aus Ihrem Sein. Was könnten Sie von sich wegnehmen und dabei noch Sie selbst bleiben? Welche materiellen, welche immateriellen Dinge? Was bleibt?
Dauer: so lange es dauert   *Schwierigkeitsgrad: IV*

Wollen Sie sich nur ungern von Teilen Ihres Selbst trennen? Wie ist es mit Sorgen, Ängsten, Gebrechen, hässlichen Gedanken? Fangen Sie an, mit was Sie möchten. Das Spiel beginnt also sehr angenehm: In der Vorstellung befreien Sie sich von Lästigem. Dann von Überflüssigem, und dann wird es schwieriger …

In sophistischer Laune könnte ich behaupten, dass kein Jota von mir genommen werden könne, ohne dass ich nicht mehr ich wäre. Ich bin ein Ganzes, keine Ansammlung von Teilen. Doch ich bin nicht in sophistischer Laune und beginne mit den groben Äußerlichkeiten. Die Haare und Fingernägel könnten ein paar Millimeter kürzer sein. Das klingt vielleicht lächerlich, aber schon gerate ich ins Nachdenken: Jetzt verändert es mein Ich nicht, wenn ich die Haare schneide – aber wie wäre es vor 25 Jahren gewesen, als ich lange Haare trug? Und ich merke, dass vielleicht sogar Dinge zu einem Ich gehören könnten: beispielsweise die Kleidung. Manche Gruppen scheinen sich mit ihrer Kleidung zu identifizieren. Kleidung kann man kaufen, Haare wachsen nach. Das kann man von anderen Teilen meines Ich nicht behaupten.

Wäre ich noch ich ohne meine linke Hand? Ohne Arm? Eine unangenehme Vorstellung. Wenn ich aber alle Haarspaltereien beiseite lasse, denke ich doch, dass ich immer noch ich wäre, wenn ich ohne Arm auskommen müsste. Oder ohne Beine.

Wenn ich schon einmal dabei bin, kann ich das makabere Spiel noch weiterführen und überlegen, welche Teile meine Körpers für das Überleben und das Ichgefühl nicht absolut notwendig sind. Arme, Beine, Ohren, Augen, Zähne, Milz … eigentlich fast alles. Umgekehrt ist es leichter. Was ist unbedingt nötig? Herz, Hirn, Nieren, Leber … und auch dafür gibt es künstlichen Ersatz.

Außer für das Gehirn. Bin ich etwa mein Gehirn? Oder gar das Programm, das in diesem Hirn abläuft? Ich versuche mir vorzustellen, dass ich ein »Programm« oder das Gehirn wäre, ohne etwas anderes. Was täte dieses Programm, dieses Gehirn? Es könnte nicht wie ich Aikido üben, nicht wie ich die Nachbarn mit Versuchen, das Cellospiel zu erlernen, quälen, es könnte nicht wie ich meine Freunde umarmen und mit ihnen lachen.

Wenn weder Programm noch Gehirn das können: Können sie dann wirklich ich sein? Ein großer Teil von mir ist die Welt, die nicht ich zu sein scheint.

In einer merkwürdigen Wendung sehe ich erstaunt, dass ich schon zu viel weggenommen habe. Ich bin nicht nur meine Gedanken, nicht nur meine Gefühle, nicht nur mein Körper. Ich bin all das, mit allen Wechselwirkungen und Abhängigkeiten.

Und doch ist es gut zu erkennen, dass es einige Dinge gibt, die man ablegen kann, ohne dabei sich selbst zu verlieren.

Sprachspiele

Wir wissen nicht genau, ob der Mensch wirklich das einzige Lebewesen ist, das eine Sprache entwickelt hat. Doch für kein Lebewesen ist die Sprache von so überragender Bedeutung. Soweit wir wissen, können nur Menschen eine nahezu unendliche Anzahl nie zuvor gesprochener, gehörter oder gedachter Gedanken durch Sprache an andere weitergeben.

Es gibt heute, 2004, etwa 6000 Sprachen. Laut Unesco sind ungefähr 100 000 Sprecher nötig, damit eine Sprache überleben kann. Von den 6000 Sprachen, die es gibt, erfüllen 600 diese Bedingung. Etwa 3000 Sprachen werden von weniger als 2500 Menschen gesprochen. Allein in Papua-Neuguinea gibt es über 500 Sprachen. Chinesisch wird von mehr Menschen gesprochen als Englisch, Spanisch und Arabisch zusammen. 66 % Prozent aller Kinder weltweit wachsen zweisprachig auf. 6,3 Prozent aller Bürger der USA sprechen zwei oder mehr Sprachen.

Interessant ist schon die Vielfalt der Möglichkeiten, die Menschen gefunden haben, mit Geräuschen ihre Gedanken auszudrücken. Aber wirklich faszinierend sind die unterschiedlichen Vorstellungen, die Sprachen mit sich bringen. Die Sprache, die wir sprechen, formt unser Denken.

Als ich in Kanada lebte, sprach ich einmal mit unserem Hausmädchen über die verschiedenen Sprachen in der Welt. Sie hatte außer ihrer Muttersprache keine andere Sprache gelernt. Es ging ihr nicht in den Kopf, dass man für ein und dasselbe Objekt ganz unterschiedliche Worte verwenden kann. Warum sollte man ein Pferd *horse*, *cavallo*, *mǎ* oder sonst wie nennen? Warum nennt man das Pferd nicht einfach Pferd – denn das ist es ja schließlich …

Spiel 36 Anders gesagt

Wir hören viel, aber wir hören erst eigentlich,
wenn wir die wirren Stimmen haben sterben lassen,
und nur noch eine spricht.

Meister Eckhart

Unsere Vorstellungen darüber, wie die Welt beschaffen ist, sind unsere ständigen Begleiter. Sie sorgen dafür, dass wir unsere Welt auf unsere ganz eigene Art und Weise sehen.

Über viele Dinge haben wir nachgedacht, vieles haben wir erfahren, manche Vorstellungen sind vielleicht sogar angeboren. Doch mehr als uns jemals bewusst werden kann, sind es die Stimmen unserer Eltern und anderer Bezugspersonen aus unserer Kindheit. Einige dieser Stimmen haben wir so sehr verinnerlicht, dass wir sie für unsere eigene Stimme halten, so sehr, dass sie zu unserer eigenen Stimme geworden sind.

Je mehr wir einer inneren oder äußeren Stimme vertrauen, desto mehr Bedeutung hat sie für unsere Sicht der Welt. Als kleine Kinder vertrauen wir unseren Eltern und anderen Erwachsenen absolut. Diese Stimmen setzen sich in uns fest und schlagen dort Wurzeln. Wir nehmen diese Stimmen außerordentlich ernst, möglicherweise ernster, als sie es verdienen. Diese Ernsthaftigkeit und Bedeutung, die wir manchen Stimmen beilegen, kann hinderlich werden.

Was würde wohl geschehen, wenn wir den Ernst aus diesen Stimmen vertrieben?

Spielregeln

Spielen Sie mit Ihren negativen Einstellungen. Stellen Sie fest, was passiert, wenn Sie eine negative Einstellung mit verschiedenen lustigen Stimmen aussprechen. Sie werden entdecken, wie einfach es ist, seinen eigenen Sätzen ihre Glaubwürdigkeit zu nehmen – und welch gewaltiger Unterschied zwischen dem besteht, was man sagt und wie man es tut.

Dauer: 3 Minuten *Schwierigkeitsgrad: II*

Es gibt Sätze, die uns nicht gut tun. Trotzdem sind sie in uns, tauchen immer wieder auf und machen uns das Leben schwer. Sätze wie: »Ich kann ja doch nichts«, »Ich bin unattraktiv«, »Das Leben ist ein Jammertal«, »Mein Partner liebt mich nicht«. Diese Sätze sind keine Aussagen (obwohl sie so aussehen), sondern eher Einstellungen – und zwar negative, die uns in unserer Entwicklung und/oder unserem Befinden einschränken. Psychologen nennen so etwas daher »einschränkende Glaubenssätze«.

Für dieses Spiel suchen Sie sich einen Ihrer persönlichen einschränkenden Glaubenssätze heraus. Möglicherweise ist es ein Satz, den Sie sich selbst immer wieder sagen hören. Vielleicht ist es aber auch etwas, das Sie von Ihren Eltern, Lehrern oder Ihrem Partner gehört haben. Ein Satz, der Ihre Gefühle berührt, Ihnen sagt, Sie seien unvollkommen, unfähig, unzureichend. Suchen Sie die Formulierung, die die deutlichsten (negativen) Gefühle in Ihnen auslöst. Sprechen Sie diesen Satz ein paar Mal laut aus. Welche Gefühle sind es genau, die auftauchen, wenn Sie diese Einstellung aussprechen? Sicherlich keine besonders angenehmen.

Deshalb wollen wir jetzt damit spielen!

Sprechen Sie Ihren Glaubenssatz in verschiedenen Tempi und Tonlagen. Wiederholen Sie den Satz immer mindestens fünfmal. Dann atmen Sie tief durch und gehen weiter zum nächsten Schritt. Sprechen Sie den Satz

1. schneller als normal und mit etwas höherer Stimme.
2. langsamer als normal und mit etwas tieferer Stimme.
3. gaaannnz langsam und tief, wie in Zeitlupe.
4. ganz schnell und hoch, mit »Mickymaus-Stimme«.

Und jetzt schauen Sie doch einmal nach, ob sich etwas geändert hat, wenn Sie den Satz nochmals ganz normal aussprechen. Der Satz ist noch derselbe und Sie sprechen ganz normal. Und dennoch kommt Ihnen der Satz nun wahrscheinlich ziemlich unsinnig vor. Sie können nicht mehr so leicht eine Beziehung zwischen diesem Satz und sich selbst herstellen – der Satz ist nun für Sie kein Glaubenssatz mehr und hat seine Macht über Sie verloren.

Natürlich kann die Aussage, die hinter einem einschränkenden Glaubenssatz steht, zutreffend oder zumindest bedenkenswert sein. In diesem Spiel geht es daher auch nicht etwa darum, Ihr Denken zu unterdrücken oder zu manipulieren – ganz im Gegenteil: Wenn Sie die eingefahrenen Verbindungen zwischen negativen Sätzen und Ihrem Selbstbild auflösen, werden Sie viel eher in der Lage sein, realistisch, zielorientiert und vorurteilsfrei über sich selbst nachzudenken! Und Sie werden sich besser dabei fühlen.

Spiel 37 Digitaler Dialog

Lass deine linke Hand nicht wissen, was die rechte tut!

Matthäus 6, 3

Mitten in unserer Welt wuchs eine schöne neue Welt heran. Die analoge Menschenwelt und die von ihr geschaffene digitale Computerwelt berühren und durchdringen einander immer stärker. Es wird nicht mehr lange dauern, bis wir die eine von der anderen nicht mehr unterscheiden können. Oder ist es schon so weit? Wir kommunizieren mit Computern und Computer kommunizieren miteinander. Was ein Computer dem anderen mitteilt, ist nicht sonderlich interessant. Doch das weltumspannende, explosionsartig wachsende Netz von Computern ähnelt immer stärker einem lebendigen Gehirn mit seinen Nervenzellen. Was geschieht, wenn dieses Gehirn zum Bewusstsein erwacht? Vielleicht ist auch das schon geschehen.

Ein einzelner Computer ist, wie das Wort schon sagt, nicht viel mehr als eine hoch entwickelte Rechenmaschine. Und, wie der Name Digitalcomputer schon sagt, begann die Rechnerei mit den Fingern. Man kann sich an den Fingern abzählen, dass man damit nicht viel weiter als bis zehn kommt. Da wir heute glücklicherweise Maschinen bauen, die offenbar mehr als zehn Finger besitzen, haben wir die Finger für eine andere Form des digitalen Dialogs frei.

Spielregeln

In diesem Spiel spielen Sie Puppentheater. Allerdings ohne Puppen. Ihre Finger genügen. Fühlen Sie sich damit überfordert, ein Theaterstück zu erfinden? Nicht nötig. Lassen Sie Ihre Finger miteinander sprechen. Versuchen Sie nicht einzugreifen. Beobachten Sie nur, was sie sich zu sagen haben!

Dauer: 15 Minuten   Schwierigkeitsgrad: III

Entscheidungen fallen oft schwer. Wir wollen das eine, aber auch sein Gegenteil. Und das ist doch eigentlich erstaunlich. Jeder kennt wohl das Gefühl, aber kaum jemandem fällt auf, dass es eine logische Unmöglichkeit ist, solange wir unsere Person als Individuum, als etwas Unteilbares betrachten. Wenn wir uns nur beim Denken zuhören, können wir feststellen, dass die unteilbare Einheit der Person eine Illusion ist: Wer hört wem beim Denken zu?

Wir haben verschiedene Motive. Jedes dieser Motive ist mit ganz besonderen Erfahrungen, Vorstellungen, Erinnerungen, Gefühlen und Gedanken verbunden. In der »Einheitshypothese« betrachten wir unseren Geist als chaotische Sammlung mentaler Vorgänge, die mehr oder weniger willkürlich verteilt sind.

Vielleicht könnte eine andere Betrachtungsweise sinnvoller sein? Wenn wir uns fragen, was eine Persönlichkeit ausmacht, so kommen wir auf charakteristische Begriffe wie Motive, Erinnerungen, Vorstellungen, Erfahrungen, Gefühle und Gedanken. Also können wir unseren Geist als eine Versammlung innerer Persönlichkeiten betrachten. Indem wir geistige Vorgänge, die zusammengehören, als innere Personen, als »Subpersönlichkeiten« betrachten, organisieren wir das Chaos. Die Zweifel, Widersprüche und inneren Konflikte, die dem herkömmlichen Modell der Persönlichkeit Rätsel aufgaben, werden nun verständlich und leichter fassbar.

Diese Alternative ist mehr als ein Gedankenspiel – sie öffnet Wege zur Selbsterkenntnis und hilft, auch andere Menschen besser zu verstehen.

In diesem Spiel lassen Sie ein paar Ihrer Subpersönlichkeiten miteinander – oder mit Ihnen, der bewussten Gegenwartspersönlichkeit – sprechen. Wenn innere Persönlichkeiten, die in Konflikt miteinander stehen, zu kommunizieren beginnen, ist das der erste Schritt zu Verständnis und Zusammenarbeit.

Der »innere Kritiker« und der »innere Träumer« sind nicht selten ein solches Konfliktpaar. Sobald der Träumer seine Kreativität spielen lässt, unterbricht der Kritiker. Wenn der Kritiker spricht, kann der Träumer seine Fantasie nicht spielen lassen. Beide Persönlichkeiten haben eine positive Absicht. Würde nur der Träumer aktiv sein, wären wir fantasievoll, doch chaotisch, unzusammenhängend und widersprüchlich. Wäre nur der Kritiker aktiv, wären wir scharfsinnige Analytiker ohne eigene Ideen. Doch nur dann, wenn sie zusammenarbeiten, ist das Ergebnis echte Kreativität. Und der Weg zur Zusammenarbeit geht über die Kommunikation.

Am besten, Sie vergessen nun erst einmal alle Theorien und spielen. Was haben Ihre Finger zu sagen?

Spiel 38 ?

Sobald unser Denken Worte gefunden hat, ist es schon lange nicht mehr innig, noch im tiefsten Grunde ernst. Wo es anfängt, für andere da zu sein, hört es auf, in uns zu leben.

Parerga und Paralipomena II, 23, § 275
Arthur Schopenhauer

Mit der Sprache können wir unendlich viel ausdrücken. Sogar Gefühle oder Bilder. Es versteht sich von selbst, dass diesen Beschreibungen etwas fehlt, und trotzdem: Alles, was wir bewusst denken können, können wir aussprechen.

Aber stimmt es, dass wir unendlich oder beliebig viele Sätze bilden können? Oder würden wir irgendwann an ein Ende kommen? Auf den ersten Blick scheint es völlig ausgeschlossen, dass irgendwann alles, wirklich alles gesagt ist.

Doch selbst ein Programmieranfänger könnte ein erstaunliches Computerprogramm schreiben. Es druckt lediglich alle Buchstaben und Zeichen, die wir verwenden, in allen möglichen Reihenfolgen auf Papier.

Das erste Blatt wäre leer. Das zweite Blatt würde mit einem »a« beginnen, der Rest wäre leer. Beim folgenden Blatt stände das »a« an zweiter Stelle. Nach langer Zeit würde irgendwo auf der Seite ein Wort stehen. Nach vielen Billionen Seiten würde diese Seite hier dastehen. Auf Milliarden Seiten, immer wieder mit allen nur vorstellbaren Schreibfehlern oder Veränderungen. Alles, was jemals geschrieben wurde oder geschrieben werden könnte, erscheint irgendwann. Auch das, was Sie jetzt, in diesem Augenblick denken.

Spielregeln

Probieren Sie eine Weile aus, ob es Ihnen gelingt, ohne Worte zu denken. Versuchen Sie, die Sprache zu vergessen. Wie wäre es, wenn Sie keine Sprache sprechen könnten? Wie würden Sie dann denken? Würden Sie dann denken? Wie würden Sie sich dann wohl selbst sehen?
Dauer: 15 Minuten *Schwierigkeitsgrad: V*

Ohne Wörter denken? Geht das?

Fassen wir das Wort »Wörter« sehr eng als gesprochene Sprache, dann ist es sicherlich möglich, wortlos zu denken. Wer würde behaupten wollen, dass Menschen, die nicht sprechen können (oder wollen), nicht denken? Selbst taubblinde Menschen wie die Schriftstellerin (!) Helen Keller sind gewiss nicht gedankenloser als andere.

Doch das Wesen der Sprache besteht ja nicht in Luftdruckschwankungen oder Photonenverteilungen. Was Sprache ausmacht sind Symbole – und die regelhaften Beziehungen zwischen diesen Symbolen. Zumindest abstraktes Denken ist auf Symbole angewiesen.

Ist das wirklich so? Können nicht auch abstrakte Begriffe in Bildern ausgedrückt werden? Beispielsweise für »Liebe«: ein Herz, ein sich umarmendes Paar, eine Mutter mit Kind im Arm … Sicherlich kann man Liebe so ausdrücken. Doch wenn wir genau hinsehen, können wir erkennen, dass wir die Bilder in diesem Fall nicht als bloße Bilder, sondern als Symbol verwenden – als Bildsprache. Wieso sollte es auch einen Unterschied machen, ob wir das Gefühl Liebe durch »Liebe«, »love«, »amore«, »∞«, »(♀♂)« oder »♥« symbolisieren?

Für abstrakte Begriffe leuchtet das vielleicht ein. Aber wie sieht es mit konkreten Dingen aus? Nicht viel besser. Freilich können wir uns konkrete Vorgänge als »inneren Film« sprachlos vor Augen führen. Doch etwas zu sehen, ob nun mit dem inneren oder dem äußeren Auge, ist ja noch kein Denken.

Eine Rose ist eine Rose ist ein Rose. Aber »eine Rose« ist eben keine Rose. Als sprachlose Wahrnehmung ist »eine Rose« eine zufällige Anordnung schwarzer Linien. Als Symbol für eine Rose ist »eine Rose« dagegen eine Wahrnehmung, die ganz andere innere Wahrnehmungen hervorruft – nämlich das Bild, den Geruch und die Dornen einer Rose.

Und doch gibt es eine Welt ohne Sprache. Sie ist ohne Denken, ohne Bedeutungen, ohne Absicht, ohne Reflexion. In diese Welt tauchen wir dann ein, wenn wir etwas ganz und gar tun, ohne zu denken, ohne zu beabsichtigen, ohne zu reflektieren. Es sind dies die Momente, wo wir »im Fluss« sind, eins mit dem Universum, Gott oder dem Dao. Möglicherweise ist es so übel nicht, dann und wann die Sprache vergessen zu können.

Ohne Worte können wir vielleicht nicht denken – aber sein.

Spiel 39

Wortschatzinsel

Leider sind dem Menschen die Worte gewöhnlich Surrogate: Er denkt und weiß es meistenteils besser, als er sich ausspricht.

Wilhelm Meisters Wanderjahre III, Aus Makariens Archiv
Johann Wolfgang von Goethe

In unserem Geist regieren Gefühle. Doch mit Hilfe der Sprache formen wir Gefühle in Gedanken um. Natürlich ist das sprachliche Symbol »Freude« nicht das Gefühl, aber es ist mit dem Gefühl der Freude verbunden. Diese Verbindungen sind vielleicht nicht sehr stark – doch sie zeigen durchaus bemerkbare Wirkungen, die Sie leicht an sich selbst feststellen können, wenn Sie laut sagen: »Ich bin traurig«, und dabei gleichzeitig versuchen, ein glückliches Gefühl in sich hervorzurufen. Sie können das dann auch mit dem Satz ausprobieren: »Ich bin glücklich.« Sie werden sehen, dass es gar nicht so leicht ist, ein Gefühl aufkommen zu lassen, das der Sprache entgegengesetzt ist.

Es ist also nicht gleichgültig, wie wir die Sprache gebrauchen und welche Wörter wir verwenden. Alles, wirklich alles kann so ausgesprochen werden, dass es möglichst angenehme Gefühle mit sich bringt und das Leben leichter macht. Natürlich geht's auch anders: Alles, wirklich alles kann so ausgesprochen werden, dass es möglichst ungute Gefühle mit sich bringt und das Leben schwerer macht. Ein Problem kann eine Belastung oder eine Herausforderung sein, eine Krankheit ein Unglück oder ein hilfreiches Warnsignal. Worte lösen Assoziationen aus – positive, die uns auf unsere Ziele zugehen lassen, oder negative, die uns mutlos verharren oder angstvoll flüchten lassen. Wählen Sie!

Spielregeln

Beginnen Sie noch heute damit, Ihren Wortschatz zu verändern. Alle negativen Formulierungen, die Sie verwenden, können Sie nach und nach durch positive ersetzen.
Spielen Sie ein paar Minuten lang, indem Sie Ihren Tag erst mit negativen, dann mit positiven Worten beschreiben – natürlich ein und denselben Tag!
Dauer: 5 Minuten *Schwierigkeitsgrad: II*

Schrecklich, dieser Tag. Als ich aufwachte, war ich hundemüde und konnte mich kaum aus dem Bett quälen. Und es ging genauso schlimm weiter. Erst habe ich den Kaffee viel zu stark gemacht, und dann ist auch noch der Computer abgestürzt, sodass eine ganze Stunde Arbeit verloren war. Ich habe das dann zwar irgendwie wieder hinbekommen, aber ob der Text beim zweiten Schreiben nicht schlechter geworden ist? Bei einem Treffen mit meiner Lektorin habe ich dann auch noch vergessen, eine Idee für ein Buch, die ich vorstellen wollte, mitzunehmen. Da war der Tag für mich gelaufen.

Oder:

Was für ein schöner Tag! Als ich aufwachte, konnte ich noch ein bisschen im Bett bleiben. Und dann ging es mit Energie los. Zuerst habe ich einen starken Kaffee gemacht, der mich so richtig aufgeweckt hat, und dann hat das Schicksal zugeschlagen. Der Computer ist abgestürzt und mit ihm ein Text, mit dem ich ohnehin nicht ganz zufrieden war. Beim zweiten Mal schreiben wird es eigentlich immer besser. Am Nachmittag saß ich dann gemütlich mit meiner Lektorin zusammen. Da ich meine Notizen zu Hause gelassen hatte, hat sich im Gespräch eine ganz neue Idee entwickelt. Der Tag ist schon mal prima gelaufen!

Natürlich ist das berühmte Zaubermittel »Positives Denken« manchmal etwas albern. Ich meine, dass Patentrezepte nur selten patente Rezepte sind. Doch in der Tat verändert es etwas in unserem Leben, wenn wir bewusst positive Worte wählen, die mit positiven Gefühlen und Assoziationen verbunden sind.

Probieren Sie doch einmal, wie es sich anfühlt, wenn Sie beispielsweise

zurückgewiesen	durch	missverstanden
überfordert	durch	sehr beschäftigt
deprimiert	durch	noch nicht völlig glücklich
besorgt	durch	interessiert

ersetzen. Oder gehen Sie noch weiter und ersetzen Sie selbst die positiven Worte. Aus

interessiert	wird	begeistert
angenehm	wird	umwerfend
aktiv	wird	energiegeladen
motiviert	wird	beflügelt

Die Erwartung, dass die Welt dadurch zum Paradies wird, wird mit Sicherheit enttäuscht werden. Dass sich jedoch gar nichts verändert, wenn wir nach den guten Aspekten in allen Dingen suchen – das kann ich auch nicht glauben.

Spiel 40

Das Poeten-Spiel

Alles an diesem Gedicht ist vollkommen, Sprache, Gedanke, Rhythmus; das einzige nur fehlt noch, es ist kein Gedicht.

Ein deutsches Meisterstück
Friedrich von Schiller

Wozu braucht es Gedichte? Was könnte man in einem Gedicht sagen, das nicht auch in alltäglicher Sprache gesagt werden könnte? Das Unsagbare, das Worte nicht ausdrücken, sondern nur transportieren.

Kirschblütenträume –
Die Frühlingssonne lächelt
und weiß nicht warum.

Nur ein mittelmäßiges Haiku – aber wie wollte man die Gefühle und Stimmungen, die inneren Bilder und Vorstellungen, die es auslöst, in Alltagssprache fassen? Im *Daodejing* (Tao-te King) legt der chinesische Philosoph Laozi (Lao tse) seine Philosophie der Wortlosigkeit in etwa 5000 Schriftzeichen dar. Das Paradox ist nur ein scheinbares, denn das, was Laozi sagt, liegt nicht in den Worten, sondern dazwischen. Das Standardwerk der chinesischen Philosophie ist ein Gedicht.

Ein Poet ist der ursprünglichen Bedeutung nach ein Schöpfer. Der Dichter: ein gottähnliches Wesen? Ποιέσις bedeutet allerdings nicht nur »Schöpfung«, sondern ebenso »Herstellung«. Der Poet ist der ursprünglichen Bedeutung nach also ein Hersteller. Auch gut.

Spielregeln

Spielen Sie den modernen oder auch postmodernen Dichter. Ein Reimlexikon benötigen Sie nicht – und nicht einmal Ihr neuronaler Reimgenerator ist gefragt. Nehmen Sie einfach beliebige Sätze aus Büchern oder Zeitungen, und machen Sie daraus ein Gedicht. Ganz gleich, ob es Ihnen gefällt oder nicht: Tragen Sie es sich selbst vor. Was mag es wohl bedeuten?
Dauer: 10–30 Minuten   Schwierigkeitsgrad: III

Abgesehen davon, dass es nicht leicht zu sagen ist, was ein Gedicht sagt, ist es nicht weniger schwierig zu sagen, was ein Gedicht ist.

Was sich reimt, ist ein Gedicht?
Ganz so einfach ist es nicht.
Manchmal nerven Reime nur.
Doch die Dichter reimen stur.

Einst sangen die Sänger, standen auf Stabreim,
donnergleiche Dichtung, doch lang schon dahin.

Vielleicht
          Ist es aber auch
                    genug
          Sätze und Wörter zu zerreißen
und
unt-
      ereinander zu schreiben?

Machen Sie's, wie Sie wollen. Am besten postmodern – da geht ja alles …

Ich habe es einmal mit ein paar Sätzen aus der Abendzeitung vom 19.4.2004 probiert:

So gibt es nie Frieden
Das war ein tragisches Versehen,
Fror Vater seine Babys ein?
Der Spaziergänger muss gestehen:
Klassisch sogar das Design.
Doch nun sieht es anders aus.
Alle Wege führen nach Athen.
Ich halte mich jetzt raus.
Doch alles kein Problem:
Aus dem Star Duell geschmissen.
Wir werden mit den Folgen leben müssen …

Hat dieses Spiel einen Sinn? Vielleicht immerhin den, dass Sie Ihr Gehirn ein wenig trainieren und nebenbei einen neuen Blick für absurde Zusammenhänge und die Allgegenwärtigkeit der Kunst gewinnen.

Spiel 41 Zufall

> Es gibt keinen Zufall, und was uns blindes Ohngefähr nur dünkt,
> gerade das steigt aus den tiefsten Quellen.
>
> *Wallensteins Tod II, 3*
> *Friedrich von Schiller*

Sind es Zufälle, die unser Leben bestimmen, gehorchen wir Notwendigkeiten, oder folgen wir einem Plan? Diese Frage berührt die Grundfesten unseres Weltgebäudes: Sind wir Spielball der Naturgesetze, ist unser Wille frei, ist unser Schicksal von einer höheren Macht innerhalb oder außerhalb unserer selbst geplant?

Viel gibt es dazu zu sagen, und das meiste ist wohl gesagt worden. Doch inwiefern unterscheiden sich Zufall, Notwendigkeit und Plan? Wir bezeichnen das, was uns unerklärlich ist, als Zufall oder Notwendigkeit oder Plan – an der Unerklärlichkeit ändert das nicht das Geringste. Keines der drei gestattet Vorhersagen: Wäre etwas vorhersagbar und nicht erst nachträglich erklärbar, würde sich die Frage nach Zufall oder Notwendigkeit oder Plan gar nicht stellen.

Doch Dinge fallen uns unerwartet zu. Wir können sie als glückliche Zufälle genießen und als unglückliche stoisch hinnehmen, wir können Notwendigkeiten annehmen und daraus innere Ruhe gewinnen, wir können uns in einen großen Plan eingebunden fühlen und ein Gefühl der Geborgenheit in uns wachrufen. Ebenso können wir jede Sichtweise nutzen, um uns unwohl zu fühlen. Wie's beliebt. An uns liegt es, was wir aus dem uns Zugefallenen machen.

Spielregeln

Bei diesem Spiel können Sie sich eine kleine Orakelmaschine bauen. Das ist nicht weiter schwierig. Alles, was Sie dazu benötigen, ist eine Schere und ein Stück dunkleres, festes Papier. Dann können Sie Ihr Orakel befragen und über seine tiefgründige Weisheit staunen. Zufall, Notwendigkeit oder Plan?

Dauer: 10 Minuten *Schwierigkeitsgrad: I*

Bauanleitung für die Orakelmaschine DELPHI II

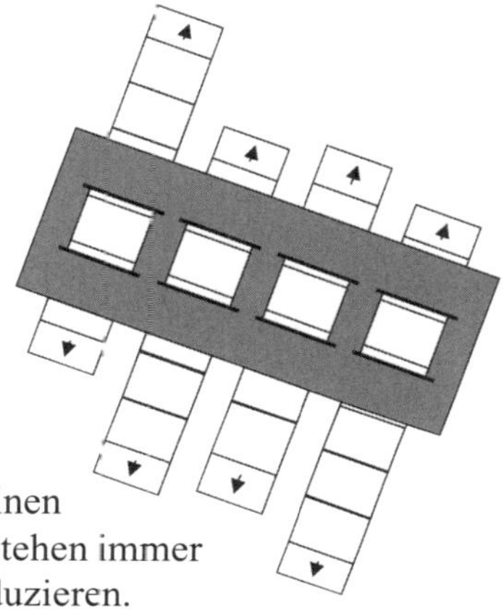

1. Machen Sie sich eine Kopie von der Satzteiltabelle weiter unten.
2. Schneiden Sie die vier Spalten aus. Sie haben nun vier Papierstreifen.
3. Nehmen Sie einen dunklen Karton und schneiden Sie vier Schlitze hinein, die so breit sind, dass Sie die Papierstreifen hindurchstecken können.
4. Nun schneiden Sie eine zweite Reihe Schlitze, parallel zur ersten. Der Abstand sollte etwas mehr als eine Zeile sein.
5. Wenn Sie nun die vier Streifen durch die Schlitze stecken, können Sie einen Satz ablesen. Indem Sie die Streifen nach oben und unten bewegen, entstehen immer neue Orakelsprüche – 160 000 verschiedene Sätze kann das Orakel produzieren.

Lassen Sie sich inspirieren!

▲	▲	▲	▲
Der Mensch	soll	nur	leben
Das Wasser	kann	vielleicht	neue Wege finden
Der Narr	lacht und muss doch	jetzt	leiden
Die Uhr	steht still –	ängstlich	zurückkehren
Der Weise	nur kann wirklich	still	in Frieden sterben
Gott	lächelt über uns. Wir können	heiter	lächeln
Alles	scheint zu mahnen:	immer	wachsen
Ein Baum	ruht in sich, während wir	ewig	hoffen
Das Meer der Zeit	ist unbewegt und wir dürfen	nicht	stehen bleiben
Neues	will	einsam	warten
Das Feuer der Liebe	brennt innerlich. Doch wir werden	friedvoll	einen Neuanfang wagen
Ein Kuss	weiß, was es heißt:	erfüllt	nach Sinn suchen
Die Sonne	kommt wieder. Du wirst	trotzdem	vollkommen werden
Das Universum	lacht. Wir weinen, die wir	hoffentlich	zu einem Ende kommen
Der Tod	ist Gewissheit und lehrt uns	prinzipiell	nicht verzweifeln
Die Rose	ist ein Gebet: Lass mich	am Anfang	vergessen
Der Himmel	wartet, obwohl die Menschen	liebevoll	die Erinnerung pflegen
Das Lachen	ist schön für die, die uns	ganz und gar	die Zukunft fürchten
Das Leben	ist ein Wunder. Und doch muss man	am Ende	lieben
Das Herz	bestimmt, ob wir	für uns	annehmen
▼	▼	▼	▼

Spiel 42 Metamorphosen

Ich kann leiden, wenn meine Freunde eine Arbeit von mir zu Feuer verdammen, umgegossen oder verbrannt zu werden; aber sie sollen mir keine Worte rücken, keine Buchstaben ersetzen.

an Salzmann, 6.3.1773
Johann Wolfgang von Goethe

Manche Menschen sind geradezu verliebt in Definitionen. Wäre es nicht gut, wenn wir die Begriffe, die wir verwenden, klären? Dann könnten wir uns anderen unmissverständlicher mitteilen, und viele Probleme würden sich in Wohlgefallen auflösen. Wie viele Streitigkeiten, Diskussionen und Debatten würden sich erübrigen! Also sollte sich am besten noch heute eine Kommission zusammensetzen und die Wörter unserer Sprache exakt definieren.

Die Idee hat leider ein paar Haken. Womit sollten wir wohl die Wörter definieren? Mit Wörtern. Aber das ist noch das Wenigste. Lassen wir die Spitzfindigkeiten beiseite und definieren wir einen Tisch – aber bitte exakt!

Mit einer physikalischen Beschreibung kommen wir nicht weit: Ein Tisch kann ein oder vier Beine haben, aus Holz, Glas oder Metall sein. Auch die Größe können wir nicht festlegen, ohne die Definition unsinnig zu machen. Etwas besser ist es, wenn wir die Funktion des Tisches nehmen. Aber auch das klappt nicht. Auch ein Tisch, der mit den Beinen nach oben auf dem Boden liegt, ist immer noch ein Tisch – auch wenn er nicht dessen Funktion hat.

Es ist keine Schwäche der Wörter, dass sie unscharf sind. Es ist ihre größte Stärke. Sie sind so vielseitig wie das Leben. Und keines ist austauschbar. Oder?

Spielregeln

Nehmen Sie einen beliebigen Text. Ideal ist ein Text, der kurz und einfach ist. Und nun beginnt das knifflige Spiel: Versuchen Sie, für jedes Wort oder für ganze Wendungen eine Alternative zu finden. Schreiben Sie es auf. Wenn Sie dann die beiden Texte lesen – worin besteht der Unterschied?

Dauer: 10 Minuten *Schwierigkeitsgrad: III*

Vor mir liegt die »Abendzeitung«. Warum nicht gleich damit experimentieren und sehen, was passiert …

AZ: *Mord auf Mallorca. Mutter aus Bayern ins Meer geworfen.*
AS: Tötung im mediterranen Inselparadies. Süddeutsche Frau (1 Sohn) auf See versenkt.

AZ: *Athina Onassis auf Opas Spuren. Das Vermögen, das sie von ihrem Großvater geerbt hat, wird auf mindestens fünf Milliarden Dollar geschätzt: Athina Onassis (19), Alleinerbin des griechischen Reeder-Tycoons Aristoteles Onassis. Das »reichste Mädchen der Welt« befasst sich derzeit mit ihren Besitzverhältnissen.*
AS: Enkelin des großen Reeders in Großvaters Fußstapfen. Die Summe, die der jungen Frau vom Opa hinterlassen wurde, beläuft sich nach Schätzungen auf über vier tausend Millionen Euro: Die nach der griechischen Hauptstadt benannte junge Dame (seit einem Jahr volljährig) erbte das gesamte Vermögen von dem berühmten hellenischen Schiffsbauer mit dem Namen Platos größten Schülers. Die »vermögendste junge Dame des Erdkreises« besorgt momentan die sie betreffenden Vermögensangelegenheiten.

Werbepause: *Saturn. Geiz ist geil.*
AS: Sechster Planet. Knauserigkeit gleicht sexuellem Appetit.

Weisheit 1: *Wer anderen eine Grube gräbt, fällt selbst hinein.*
AS: Der, welcher für fremde Personen Vertiefungen schaufelt, stürzt seine eigene Person hinab.

Weisheit 2: *Morgenstund hat Gold im Mund.*
AS: Sonnenaufgangszeit trägt Edelmetallgebiss.

Und zu guter Letzt ein Lied: *Alle meine Entchen schwimmen auf dem See, Köpfchen in das Wasser, Schwänzchen in die Höh.*
AS: Die Gesamtheit der mir zugeeigneten Wasservögel treibt an der Oberfläche des stehenden Gewässers, das Haupt gesenkt, den Bürzel gen Himmel.

Hat all das irgendeinen Sinn? Nein, wahrscheinlich nicht. Aber ich amüsiere mich dennoch köstlich. Auch wenn man zweimal das Gleiche sagt, kann es doch grundverschieden sein.

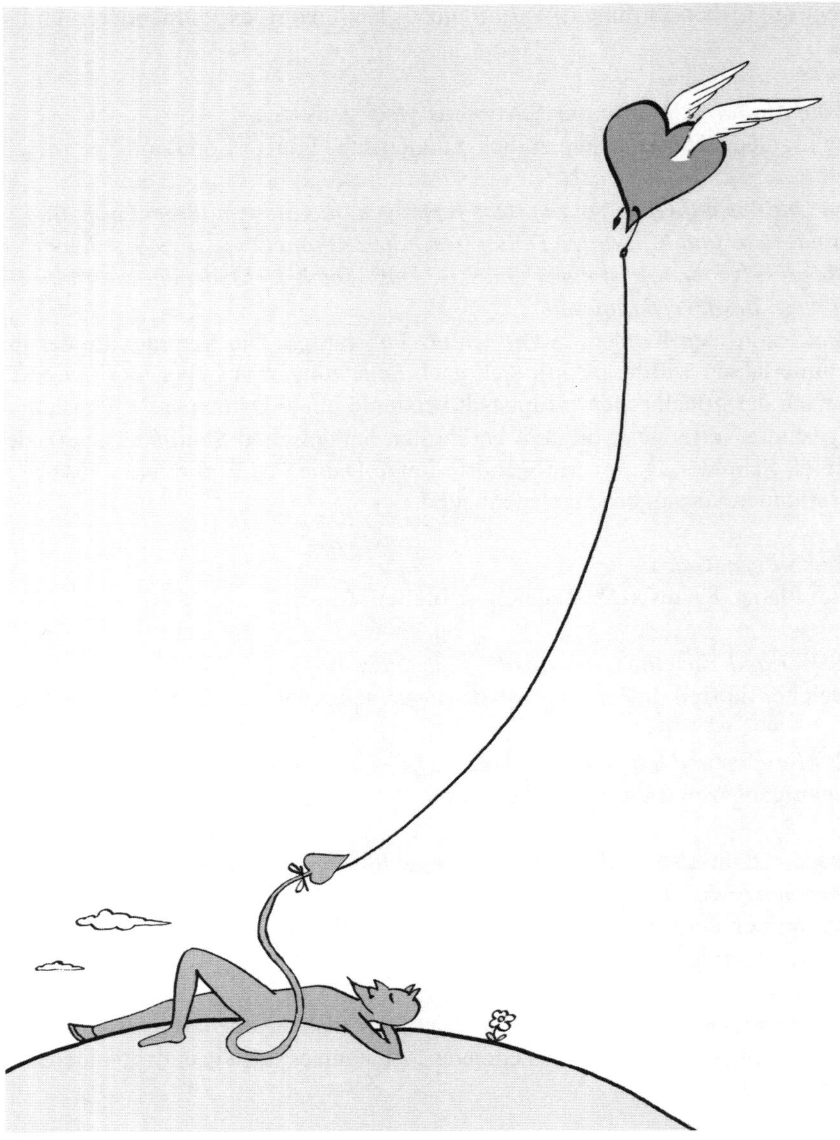

Liebe, Lust und Leidenschaften

In uns ist etwas, das uns antreibt, die Dinge zu tun, die wir tun. Etwas, das über Vernunftgründe hinausgeht. Tun wir überhaupt irgendetwas aus reinen Vernunftgründen? Es liegen doch allem, was wir tun, Gefühle zu Grunde, Begierden, Triebe, Lüste oder Liebe.

Vielleicht ist das eine Binsenweisheit, vielleicht erschreckende Realität oder aber schlichtweg eine verzerrte Sicht auf das Wesen des Menschen.

Es kann beängstigend wirken, wenn das Gefühl auftaucht, die Kontrolle über das eigene Handeln würde in Frage gestellt. Wenn es zu beängstigend wird, wird der Verstand das Machtwort ergreifen und rundweg abstreiten, dass er im Grunde genommen gar keine so große Rolle spielt.

Und auch darin, dass er Wert darauf legt, es zu bestreiten, offenbaren sich Gefühle. Damit wir überhaupt handeln, benötigen wir etwas, das uns in Bewegung versetzt: Motive. Motive aber können nie Gedanken sein. Etwas zu wollen, zu wünschen, zu hoffen, zu begehren, zu lieben – nie ist das nur ein Gedanke, sondern im Wesentlichen eine Bewertung eines Gedankens durch Gefühle.

Die Angst, Kontrolle zu verlieren, berührt uns nur dann, wenn wir uns in überwiegendem Maß mit unserem Verstand identifizieren. Sind wir unser Körper, unser Geist, unsere Gefühle, unser Verstand, unsere Liebe, Lust und Leidenschaften – dann werden wir stets die Kontrolle haben. Aber das wird uns nicht kümmern.

In den nächsten sieben Spielen geht es um Liebe, um Rausch, um Trauer, Schuld, Tod, innere Zweifel und eine Badewanne.

Spiel 43 Der Liebessender

Wie die Sonne nicht auf Lob und Bitten wartet, um aufzugehen, sondern eben leuchtet und von der ganzen Welt begrüßt wird, so darfst auch du weder Schmeichelei noch Beifall brauchen, um Gutes zu tun. Aus dir selbst heraus musst du es tun: Dann wirst du wie die Sonne geliebt werden.

Epiktet

Ständig sind wir auf Sendung, wenn wir mit anderen Menschen zusammen sind. Wir schicken unsere Worte, Taten, Gerüche, Blicke und Gedanken in die Welt – und hoffen, dass unsere Sendung richtig empfangen wird. Eine Hoffnung, die zur Enttäuschung verurteilt ist. Nein, nicht eigentlich zur Ent-Täuschung, denn meist bleiben wir in der Täuschung gefangen. Meist nehmen wir an, eine eindeutige, unmissverständliche Botschaft in die Welt geschickt zu haben, die nur noch aufgenommen werden muss.

Doch die Bedeutung dessen, was wir senden wollen, ist an unser ganzes Sein geknüpft. Wir spüren das, was wir mitteilen wollen, mit unserem Körper und unserer Seele. Nur ein winziger Teil davon dringt nach außen. Und selbst dieser Teil ist in unserem persönlichen Geheimcode verschlüsselt. Während wir unsere Gefühle und Gedanken mit unserem ganzen Wesen spüren, sind die anderen darauf angewiesen, nahezu unmessbaren Luftdruckschwankungen Bedeutung zu entnehmen. Oder, wie hier, kleinen schwarzen Klecksen auf Papier.

Wir senden und empfangen. Die Botschaften, die andere von uns zu empfangen meinen, und die Botschaften, die wir von anderen zu empfangen glauben, sind andere als die gesendeten und empfangenen Botschaften.

Spielregeln

Setzen Sie sich ruhig und bequem hin. Schließen Sie die Augen und versuchen Sie, alle positiven Gefühle gegenüber der Welt und allen Wesen in sich wach zu rufen. Stellen Sie sich vor, dass diese Liebe ein Licht ist. Senden Sie dieses Licht in die Welt aus. Fühlen Sie, wie es ist, Liebe zu geben. Dann machen Sie den Sender zum Empfänger. Aus allen Richtungen kommt das Licht der Liebe auf Sie zu. Fühlen Sie, wie es ist, Liebe zu empfangen.

Dauer: 10 Minuten *Schwierigkeitsgrad: II*

Dieses Spiel ist eine kleine Meditation, die Ihnen die Augen öffnen kann, auch wenn Sie sie geschlossen halten.

Machen Sie es sich bequem. Zumindest beim ersten Spielen sollten Sie sich wirklich wohl fühlen. Schließen Sie Ihre Augen und atmen Sie ein paar Mal tief durch, bis sich ein wenig innere Ruhe einstellt.

Konzentrieren Sie sich auf Ihr Herz. Stellen Sie sich vor, wie sich in Ihrem Herzen ein warmes Licht sammelt – die Liebe, die in Ihnen ist. Lassen Sie dieses Licht wachsen und sich davon ausfüllen. Mit jedem Atemzug wird das Licht strahlender, mit jedem Ausatmen breitet es sich aus.

Lassen Sie das Licht nun in die Welt hinaus. Die Liebe breitet sich aus. Erst ist das Licht der Liebe nur in Ihnen und Ihrer unmittelbaren Umgebung. Dann erfasst es die Menschen, die Ihnen ganz nahe stehen und die ein Teil Ihres Lebens sind – Ihren Partner, Ihre Eltern, Kinder oder Geschwister. Jedes Mal, wenn das Licht einen dieser Menschen berührt, stellen Sie sich vor, wie Sie ihn in die Arme nehmen und wie Sie Ihr Herz für diesen Menschen öffnen. Das Licht breitet sich weiter aus und berührt Ihre Freunde, Arbeitskollegen, Ihre weiteren Bekannten. Auch diese Menschen umarmen Sie.

Stellen Sie sich vor, wie die Liebe sich immer weiter ausbreitet: über Ihre unmittelbare Umgebung, über Ihren Wohnort, über Ihr Land, über die ganze Welt – und vielleicht noch weiter: bis die Liebe das Sonnensystem, die Milchstraße und schließlich das ganze All umfasst.

Dann öffnen Sie (nicht chirurgisch) Ihr Herz und lassen all die Liebe, die im Universum ist, hinein. Die liebevollen Gefühle, die in den fernsten Fernen, in Milliarden Lichtjahren entfernten Galaxien unvorstellbare Lebensformen fühlen, die Liebe, die Menschen auf der ganzen Welt für andere fühlen, die freundlichen Gedanken entfernter Bekannter und Kollegen, die herzlichen Gefühle von Freunden und Verwandten. Das Licht, das in Ihrem Herzen leuchtet, wird dabei immer strahlender und dichter und erfüllt Ihr ganzes Wesen.

»Atmen« Sie Liebe. Mit jedem Ausatmen schicken Sie Liebe in den Kosmos; mit jedem Einatmen lassen Sie Liebe in Ihr Herz strömen.

Ein esoterisches, sinnloses, albernes Spiel? Denken Sie nicht darüber nach. Spielen Sie einfach.

Spiel 44

Ringlspiel

Der Mensch sieht nur das Spinnrad des Schicksals, aber nicht die Spindel.
Daher sagt er: »Seht ihr nicht den ewigen leeren Kreislauf der Welt?«

Museum
Jean Paul

Das Ringlspiel ist kein Spiel, sondern ein wienerisches Karussell. Doch wie wir es auch nennen, auf dem Prater oder auf der Wiesn: Kinder lieben es. Auch viele Erwachsene genießen es noch, im Kreis herumgefahren zu werden. Manchmal geht es sogar noch schneller umadum, als bei den Kindern. Kinder brauchen allerdings noch nicht einmal ein Ringlspiel. Sie drehen sich um sich selbst, bis ihnen schwindelig wird.

Woher kommt nur diese Faszination? Warum löst es in vielen Menschen ein so angenehmes Kribbeln im Bauch und beinahe ein Gefühl der Geborgenheit aus, wenn sie sich im Kreis um sich selbst drehen? Vielleicht ist es die Erinnerung und der Widerhall eines größeren Kreisens im Rad des Lebens …

Die Sufis, eine Gruppe islamischer Mystiker, suchen die Überwindung des eigenen Selbst, das Leben mit Gott und die Erkenntnis. Die Mittel zu all diesen schönen Dingen sind vor allem Musik, Dichtung und Tanz. Besonders bekannt geworden ist der Mevleviyye-Orden, der auf den Poeten Djalal ad-Din Rumi zurückgeht. Aus diesem Orden kommen die berühmten »tanzenden Derwische«. Diese Derwische drehen sich zu ebenfalls kreisender Musik um sich selbst – immer in vollkommenem Gleichgewicht, ohne zu schwanken. In ihrem kreisenden Tanz suchen sie sich selbst zu verlieren und Gott zu finden.

Spielregeln

Spielen Sie einen tanzenden Derwisch. Legen Sie ruhige, monotone Musik auf und drehen Sie sich mit ausgebreiteten Armen um die eigene Achse. Wenn Sie sich sicher fühlen, schließen Sie die Augen. Alle paar Minuten (oder wenn Ihnen schwindelig wird) wechseln Sie die Drehrichtung. Drehen Sie sich um sich selbst, und sehen Sie, was geschieht.

Dauer: 20 Minuten *Schwierigkeitsgrad: II*

Für Kinder und manche Erwachsene ist das Schwindelgefühl etwas Angenehmes. Die feste, beständige Welt gerät ins Wanken – doch da das Wanken nicht von der Welt ausgeht, sondern vom Spieler selbst, ist es nicht bedrohlich. Er kontrolliert seine Welt, indem er sie beben lässt. Für andere ist es dagegen bedrohlich, wenn ihre Welt an Festigkeit verliert. Selbst dann, wenn sie selbst dafür verantwortlich sind.

Nun, bei diesem Spiel geht es gar nicht darum, dass uns schwindelig wird. Ganz im Gegenteil: Es geht darum, den Schwindel zu durchschauen und ihn zu überwinden. Dazu ist Konzentration nötig. Damit uns beim Drehen nicht schwindelig wird, müssen wir die Welt fest verankern – in uns selbst.

Dann werden die Kreise, in denen wir uns drehen, zur Spirale, die uns immer tiefer nach innen führt. Dort finden wir Stille, Kraft und vielleicht sogar etwas, das über uns hinaus weist. Indem wir uns spiralförmig dem Zentrum nähern, nähern wir uns dem dritten Bewusstseinszustand – der Trance.

Die drei Bewusstseinszustände Wachen, Schlafen und Trance sind nicht rein psychologisch definierte Zustände, sondern zeigen sich ganz deutlich in unseren Hirnströmen.

Bewusstseinszustand	*Gehirnstrommuster*	*Frequenz*
Wachzustand	β (Beta)-Wellen	14–30 Hz
Tiefschlaf	δ (Delta)-Wellen	1–3 Hz
Trance	θ (Theta)-Wellen	4–7 Hz

Früher wurde die Trance als ein sehr ungewöhnlicher, wenn nicht sogar krankhafter Zustand angesehen. Heute wissen wir jedoch, dass Trance einer von mehreren natürlichen Bewusstseinszuständen ist. So wie wir schlafen, wach sind oder uns in Entspannung befinden, sind wir auch immer wieder in einem Trancezustand – immer dann, wenn wir ganz auf eine Sache konzentriert sind, ohne darüber nachzudenken.

Trance ist auch der Zustand, in den man während der Meditation eintaucht. Das Wirbeln der Derwische ist nichts anderes als eine besondere Form der Meditation. Das Kreisen des Leibes bringt das Kreisen der Gedanken zum Stillstand. Was dann? Finden Sie es heraus. Vielleicht begegnen Sie sogar, wie die tanzenden Derwische, Gott.

Das Kreisen des Blutes im Körper, das Kreisen der Erde um die Sonne, der Sonne um das galaktische Zentrum: Alles kreist. Warum nicht auch wir?

Spiel 45 Trauertropfen

Jedes schöne Gefühl hat seine Tränen.

Arabesken
Ludwig Bechstein

Der Mensch und das Krokodil haben eine Besonderheit gemeinsam: sie weinen. In der Regel weinen Lebewesen nicht. Verkennen sie ihre missliche Lage, sind sie stumpfsinnig, stoisch, gefühllos oder fehlen ihnen lediglich die notwendigen Tränendrüsen?

Es ist schon schwierig genug, herauszufinden, wann Menschen weinen. Wenn sie traurig sind und wenn sie sich vor Lachen krümmen; wenn sie verzweifelt und wenn sie freudig erregt sind; bei Geburten, Todesfällen, Hochzeiten und anderen mehr oder weniger herbeigesehnten Ereignissen – in vielen, ganz unterschiedlichen Lebenslagen kann es geschehen, dass Tränen fließen.

Immer sind es jedoch starke Gefühle, die uns weinen lassen. Wenn das Herz voll von einer großen Emotion ist, sind die Tränendrüsen die Ventile, die verhüten, dass das Herz zerspringt.

Warum weinen Menschen dann nicht öfter? Sind starke Gefühle so selten? Haben Menschen, die oft weinen, stärkere Gefühle und die, die nicht weinen, tiefere? Möglicherweise ist die gelernte Angst vor Tränen oft stärker als die Gefühle, die sie unterdrücken? Finden Sie's heraus!

Spielregeln

Setzen Sie sich ruhig und bequem hin. Schließen Sie die Augen und versuchen Sie, einen Schmerz tief in Ihnen zu finden, der an Ihrer Seele nagt. Geben Sie den Gefühlen nach. Versuchen Sie zu weinen – mit Gefühl und nicht gespielt! Aber denken Sie daran, dass es dennoch ein Spiel ist …

Dauer: 5 Minuten *Schwierigkeitsgrad: III*

In diesem Spiel geht die Reise in weitgehend unerforschte Grenzgebiete. Unheimlich, wild und gefährlich scheint es dort zu sein. Nicht jeder wird es wagen, dorthin vorzudringen.

Oft weine ich nicht. Aber es kommt vor. Nicht bei so genannten »gefühlvollen« Filmen. Beim Untergang der Titanic im Film gelang es den Bemühungen der »Versteller« nicht, meinen Augen Tränen zu entlocken. Auch die täglichen Gräueltaten und Leiden erfüllen mich zwar mit Mitgefühl und leider mitunter auch mit Wut – aber die Augen bleiben trocken.

Kurioserweise steigen meine Tränen dann in die Augen, wenn etwas »zu schön, um wahr zu sein« ist – in der Musik, im Film oder im Buch. Dann drängt sich ins Bewusstsein, was sein könnte, aber nicht ist.

Diese Gedanken sind natürlich nur eine Ablenkung. Es ist nicht so leicht, in die gefährlichen Grenzgebiete vorzustoßen. Es ist, wie gegen einen reißenden Strom anzukämpfen. Die Richtung, in der die Tränen zu finden sind, führt dorthin, wo die Schmerzen leben. Dort, wo Liebe, die sich unsterblich wähnte, den Tod fand, dort, wo mein Vater starb, dort, wo ich Menschen leiden sehen musste, ohne helfen zu können, dort, wo ich als Kind ahnte, dass die Welt (wie Schopenhauer so nett ausführte) nun einmal kein Guckkasten ist – sie ist zwar ganz reizend anzusehen, doch in ihr zu leben ist doch ganz etwas anderes.

All diese Erfahrungen sind nicht angenehm. Doch Tränen haben eine fatale Wirkung auf die Gewächse des Leidens: Sie lösen den Schmerz allmählich auf und spülen ihn ins Meer der Vergessenheit. Und plötzlich ist das unerträglich Schmerzhafte nicht nur erträglich, sondern ein interessanter Teil des Lebens.

Die Grenzgebiete sind gar nicht so wild, wenn wir sie nicht absperren, sondern sie mit neugierigen Augen erforschen.

P.S.: Es gibt drei Formen des Weinens. Die eine ist befreiend, die andere verbitternd. Tränen der Wut und des Zorns sind nicht befreiend, sondern verstärken die negative Gefühlslage. Tränen, die aus der Tiefe des Herzens aufsteigen, sind dagegen befreiend.

Und dann gibt es noch eine dritte Form. Dafür brauchen Sie Zwiebeln …

Spiel 46 Zeter und ...

Wie oft bewirkt die Wahrnehmung der Mittel
zu böser Tat, dass man sie böslich tut.
Wenn du nicht da gewesen wärst, ein Mensch,
gezeichnet von den Händen der Natur
und ausersehn zu einer Tat der Schmach,
so kam mir dieser Mord nicht in den Sinn. (König Johann)

König Johann IV, 2
William Shakespeare

Wie viel ist ein Menschenleben wert? Nur eine Frage. Doch eine, die viele weitere Fragen nach sich zieht. Beispielsweise:

- In materiellen Werten? Oder in Werten wie Macht, Freiheit, Frieden, Ruhm, Wahrheit, Gerechtigkeit?
- Das Leben welches Menschen? Oder ist es etwa gleichgültig, ob wir von Gandhi oder Hitler sprechen?
- Wann beginnt das Leben? Mit der Zeugung, der Geburt, dem Erwachen des Ich-Bewusstseins, der Geschlechtsreife oder der ersten Steuererklärung?
- Zehn Euro sind zehn Euro wert – ist also ein Menschenleben ein Menschleben wert?
- Warum überhaupt *Menschen*leben? Ist nicht ein Leben so viel wert wie ein anderes? Oder hat der Mensch eine besondere Stellung?
- Darf man überhaupt so eine Frage stellen?

Für die letzte Frage ist es nun zu spät. Nicht aber, um sich all die anderen Fragen und den auftauchenden Antworten zu stellen.

Damit die Fragen ein wenig an Bedeutung gewinnen, können Sie das folgende Spiel spielen.

Spielregeln

Für dieses Spiel schlüpfen Sie in eine Rolle, die Ihnen hoffentlich fremd ist: Stellen Sie sich vor, Sie hätten gerade jemanden umgebracht. Was geht in Ihnen vor? Welche Gefühle bewegen Sie dabei: Reue, Angst, Zorn, Genugtuung?
Dauer: 5 Minuten   Schwierigkeitsgrad: III

Der § 211 Abs. 2 StGB erläutert genau, wer ein Mörder ist: jemand, der einen anderen Menschen aus einem niedrigen Beweggrund auf besonders verwerfliche Art und Weise vorsätzlich tötet. Der Versuch ist ebenso wie die Beihilfe und Anstiftung zum Mord strafbar.

Ist es Mord, betrunken Auto zu fahren und dabei jemanden zu töten? Vielleicht fehlt es am Vorsatz – so wie bei jemandem, der eine scharfe Axt blindlings in eine Menschenmenge schleudert und sich dabei auch nicht vornimmt, jemanden zu verletzen.

Sind Soldaten Mörder? Vielleicht fehlt es am niedrigen Beweggrund – der Soldat verteidigt sein Vaterland. Etwa so wie jemand sein Leben verteidigt, der sich mit einer Maschinenpistole auf eine befahrene Autobahn stellt und die heranrasenden Fahrer erschießt.

Ist Abtreibung Mord? Vielleicht hat schon eine Zelle eine Seele – freilich nur dann, wenn sie menschliche Chromosomen enthält; 2 % Abweichung (beim Schimpansen) lassen die Seele Abstand halten und machen die Tötung zur Sachbeschädigung.

Ist die Todesstrafe Mord? Die Absicht steht wohl außer Frage – und gibt es einen niedrigeren Beweggrund als Rache?

Ist das Schlachten von Tieren Mord? Nein, natürlich nicht – das Wort wurde ja praktischerweise für Menschentötungen reserviert.

Ist Sterbehilfe Mord? Für Sadomasochisten allemal – der niedrige Beweggrund liegt darin, von Schmerzen erlösen zu wollen.

Es ist nicht leicht zu be- oder gar verurteilen. In diesem Spiel geht es aber gar nicht um urteilen und/oder rechtfertigen. Es geht nur um Ihre Gefühle.

Sie bezweifeln, dass Sie in der Lage wären, einen Menschen zu töten? Das geht mir genauso. Und doch zeigen Untersuchungen, dass in ausweglos scheinenden Situationen wohl beinahe jeder zum Mörder werden kann. Auch Sie, auch ich. Schätzen wir uns glücklich, wenn wir nicht in ausweglose Situationen geraten. Doch was wäre wenn? Haben Sie nicht schon einmal jemandem den Tod gewünscht?

Flüchten Sie nicht, und stellen Sie sich Ihren Gefühlen.

Spiel 47 Das Embryo-Spiel

Jeder trägt in sich das Urbild der Schönheit, deren Abbild er in der großen Welt sucht.

Blaise Pascal

Neun Monate leben wir in einem warmen, nährenden Ozean, ohne zu atmen, ohne zu denken. Eine große, beruhigende Trommel (ca. 60 bpm) begleitet unsere bildlosen Träume. Teile von uns teilen sich wieder und wieder und lassen den Ozean täglich kleiner werden. Eine kleine Trommel in uns selbst erwacht. Klänge, viel weiter entfernt als die große ruhige Trommel, formen unseren träumenden Geist.

Allmählich fühlen wir die Enge des Ozeans, den wir fast ausfüllen. Wir fühlen, ohne Erwartung, ohne Angst, dass es Zeit wird, das Meer zu verlassen und eine neue Welt zu erforschen. Wir spüren den Drang uns zu bewegen, doch unsere kleine Welt hindert uns daran.

Dann ist es so weit. Die Pforten der Welt öffnen sich. Der Ozean fließt ab in ein unbekanntes Nichts und reißt uns mit sich in eine helle, neue Welt.

Ach, könnten wir doch den glückseligen Zustand, in dem wir waren, wieder erreichen! Ohne Wiedergeburt. Aber auf die Erleuchtung können wir ja auch nicht warten.

Dann müssen wir eben spielen.

Spielregeln

Ich glaube, dieses Spiel ist mit großem Abstand das angenehmste. Es ist Nacht, und der Ort ist Ihr Badezimmer. Vorraussetzung ist nur, dass Sie eine Badewanne haben. Füllen Sie die Wanne mit warmem Wasser und Ihrer Person. Legen Sie sich in die Badewanne und schalten Sie das Licht aus

Dauer: 30 Minuten *Schwierigkeitsgrad: I*

Das Wasser ist 36 °C warm und hat damit dieselbe Temperatur wie der Körper – seine Grenzen verschwimmen und ich schwebe nahezu körperlos. Es ist still und dunkel.

Anfangs. Doch dann zeigen die Sinne, was sie können. Das absolute Dunkel wird allmählich relativ. Durchs Schlüsselloch fällt schüchtern ein wenig Licht. Wie konnte ich das nicht sofort bemerken? Nach einer Weile kann ich sehen, wo zuvor nichts war. Die Stille ist von noch kürzerer Dauer. Die Wasserleitungen im Haus rauschen, zwei Stockwerke höher geht jemand durch die Wohnung. Auf der Straße sprechen Menschen. Autos sind zu hören, in der Ferne die Sirene eines Krankenwagens.

Es ist ein angenehmer Zustand, im Halbdunkel zu schweben. Wie wäre es wohl, wenn die Sinne noch weiter ausgeschaltet wären? Das Wasser wird kalt.

Beim zweiten Versuch dichte ich die Stellen ab, wo sich noch Licht ins Dunkel schlich. In die Ohren kommen Stöpsel. Jetzt sollte es wirklich stockdunkel und -still sein. Doch es kommt anders.

Nach einigen Minuten – ich glaube, dass es Minuten sind – tauchen Lichtblitze auf, dann Bilder; das Rauschen des Blutes in meinen Ohren wird zum Wasserfall und zu Stimmengewirr. Das Gehirn läuft auf Hochtouren.

Das Spiel ist ziemlich spannend. Die Idee ist nicht neu. In den 60er Jahren entwickelten Psychologen einen Isolationstank, um zu untersuchen, wie das Gehirn reagiert, wenn es keinerlei äußere Reize zu verarbeiten hat. In diese sargähnlichen Behälter füllte man eine Salzlauge, die den Körper wirklich schweben ließ. Die Wassertemperatur wurde ständig auf Körpertemperatur gehalten. Kein Licht und kein Geräusch konnten die Isolation des Tanks durchdringen.

Menschen, die sich in dieses Abenteuer begaben, hatten zunächst das Gefühl, ihr Geist schwebe frei und körperlos im Nichts. Doch nach kurzer Zeit erlebten die meisten Versuchspersonen intensive Halluzinationen. Das Gehirn arbeitete mit aller Kraft daran, die Stille und das Dunkel zu vertreiben.

Wir sind enger mit der Welt verbunden, als wir glauben – mit unserer ganz eigenen Welt, die wir uns schaffen, wenn es sie nicht gibt. Vielleicht träumen wir alle unser Leben in Dunkelheit und Stille und nennen unsere Halluzinationen Realität.

Was geschieht, wenn der Tank geöffnet wird?

Spiel 48 Dahingegangen

Diejenigen, die gehen, fühlen nicht den Schmerz des Abschieds. Der Zurückbleibende leidet.

Michelangelo
Henry Wadsworth Longfellow

Der Tod ist schrecklich. Ja. Nicht so sehr für die Toten, die ihn nicht spüren, sondern für die, die ihn fürchten, und die, die einen lieben Menschen vermissen. Der Gedanke an den Tod ist oft mit großen Ängsten verbunden. Ein großer Teil dieser Ängste ist jedoch nicht die Angst vor dem Tod, sondern vor dem Sterben.

»In Würde sterben« – wer würde das nicht unterschreiben wollen? Es gibt jedoch ganz unterschiedliche Vorstellungen davon, was diese Würde ausmacht. Gläubige Menschen glauben daran, dass Gott das Leben gegeben hat. Also, schließen manche, darf auch nur er es nehmen – niemand sollte sein Leben aus freien Stücken und zu einem frei gewählten Zeitpunkt beenden.

Gott hat das Leben gegeben und nur Gott *kann* es nehmen – diese Aussage erscheint mir völlig konsequent. Nur Gott *darf* es nehmen? Wenn ich der Allmacht und dem Allwissen Gottes vertraue, sollte ich dann nicht annehmen, dass nur ER es nehmen kann? Und: Woher nimmt jemand die Gewissheit, dass der Schöpfer ein Leben partout mit monatelangen Qualen – beispielsweise durch Ersticken an Lungenkrebs – beenden will und nicht durch freiwilliges und schmerzloses Einschlafen mit Hilfe einer Chemikalie? Ich wundere mich.

Spielregeln

Sicherlich lesen Sie ab und zu die Zeitung. Wenn Sie nur Teile der Zeitung lesen, werden wahrscheinlich nicht die Todesanzeigen dazugehören. Das holen Sie in diesem Spiel nach. Lesen Sie die Anzeigen genau. Versuchen Sie die Schicksale dahinter zu fühlen.
Dauer: 5 Minuten *Schwierigkeitsgrad: I*

Sich mit der Sterblichkeit zu befassen fällt nicht jedem leicht. Natürlich ist die Schwierigkeit in aller Regel keine intellektuelle – jeder weiß (woher eigentlich?), dass er irgendwann einmal sterben wird. Sich jedoch wirklich vorzustellen und zu fühlen, wie es ist, tot zu sein, ist nahezu unmöglich.

Für den Verstand ist es noch einfach. Der Logiker Ludwig Wittgenstein meinte zum Thema Tod lapidar: »Der Tod ist kein Bestandteil des Lebens.« Damit hat er logisch gesehen freilich Recht; nicht jedoch psychologisch gesehen. Der Tod ist insofern doch ein Bestandteil des Lebens, als die Angst vor dem Tod die Urangst ist, die Wurzel aller anderen Ängste. Diese Urangst zumindest teilweise zu überwinden befreit uns von vielen unnötigen Dingen, die unsere Entwicklung hemmen. Warum fürchten wir den Tod?

Den Tod zu fürchten, meinte Schopenhauer, weil man Angst habe, nicht mehr zu sein, sei sehr kurios – denn dann müsste man ja auch stets voller Grauen an die Äonen denken, da man noch nicht war. Und für gläubige Menschen sollte es erst recht kein Problem geben: Wer an ein Leben nach dem Tod in einer besseren Welt glaubt – müsste er nicht der Zeit des Übergangs mit freudig gespannter Erwartung entgegensehen?

Wäre es doch so einfach! Die Angst vor dem Tod ist aber nun einmal keine rationale Angelegenheit, sondern ein Gefühl. Dieses Gefühl ist sogar in uns biologisch verankert – die Angst vor der Auslöschung ist ein biologisches Programm, das das Überleben des Einzelnen und der Menschheit sichert.

Was kann es also nützen, sich mit dem Tod in Todesanzeigen zu konfrontieren? Ich denke dabei vor allem an zwei Dinge, die zusammengehören:

Zum einen wird uns die Realität und Normalität des Todes bewusst – dadurch verlieren wir ein wenig von der Furcht vor dem großen Unbekannten, das nicht zu fürchten ist. Etwas freier von der Urangst werden wir etwas freier für das Leben. Wird uns die Realität des Todes angstfrei bewusst, dann können wir wirklich anfangen zu leben.

Zum anderen aber werden wir, wenn wir die Todesanzeigen nicht nur lesen, sondern versuchen, die Schicksale dahinter zu spüren, offener für alle Menschen, vielleicht sogar für andere Lebewesen. Indem wir von Menschen wie uns lesen, ganz in unserer Nähe, erkennen wir, dass wir vielleicht ständig auf der Flucht vor dem Unvermeidlichen sind. Der Tod einer fremden Prinzessin in einem fremden Land berührt uns vielleicht – doch der Tod ist dabei ein Schauspiel aus einer anderen Welt, fern unserer Realität. Die wirklichen Menschen (auch die wirklichen Prinzessinnen) haben aber wirkliche Gefühle. Wenn wir das nicht mit dem Verstand, sondern mit dem Herzen verstehen, rücken uns die Menschen näher. Und das allgegenwärtige Leiden wird zwar bewusster, doch erstaunlicherweise wird es gleichzeitig erträglicher.

Spiel 49 Widerspruch

Der Mensch ist als wirklich in die Mitte einer wirklichen Welt gesetzt und mit solchen Organen begabt, dass er das Wirkliche und nebenbei das Mögliche erkennen und hervorbringen kann.

Maximen und Reflexionen, Aus Kunst und Altertum, 1825
Johann Wolfgang von Goethe

Menschen sind voller Widersprüche. In uns tobt beinahe unablässig ein Kampf zwischen Teilen unseres Selbst. Dass Menschen das eine sagen und das andere meinen, dass sie inkonsequent sind, dass sie sich selbst zu widersprechen scheinen, ist nur ein unlösbares Rätsel, solange wir uns als Individuen, als unteilbare, einheitliche Wesen betrachten.

Gewiss trifft dies in gewisser Weise zu – doch möglicherweise anders, als wir uns das in der Regel vorstellen. Wir sind eine Einheit, so, wie eine Firma eine Einheit ist. Und doch sind alle Mitarbeiter weitgehend selbstständige Wesen mit eigenen Vorstellungen, Erfahrungen, Gedanken und Motiven. Vielleicht ist auch das Ich eine Art Firma: eine in vieler Hinsicht ideale Firma, in der jeder Mitarbeiter das Wohlergehen und den Erfolg des Ganzen im Auge hat. Doch die Mitarbeiter können Fehler machen, die Lage falsch beurteilen oder recht eigenwillige Vorstellungen von Erfolg und Wohlergehen haben.

Sehen wir das bewusste Ich als Aufsichtsratsvorsitzenden einer Firma, wirft das ein neues Licht auf innere Konflikte. Da jeder Teil von uns eine positive Absicht hat, kommt es nur darauf an, dass wir mit ihnen kommunizieren.

Spielregeln

In diesem Spiel dürfen Sie das tun, was Sie wirklich gern tun. Aber nur das! Das ist wohl zu schwierig. Machen wir es etwas leichter: Überlegen Sie ganz genau, was Sie wirklich, ohne Wenn und Aber, gern tun – und was Sie tatsächlich tun.
Warum gibt es da überhaupt einen Unterschied?
Dauer: 20 Minuten *Schwierigkeitsgrad: III*

Innere Widersprüche sind ganz natürlich, wenn wir nicht völlig eindimensional sind. Doch wenn wir uns bewusst machen, was wir »eigentlich« mit ganzem Herzen tun wollen und dass wir meist etwas ganz anders tatsächlich tun, bringt das möglicherweise Verblüffung, vielleicht sogar Erschrecken und idealerweise sogar etwas in Bewegung.

Heute ist mir nicht danach, Theorien zu entwickeln, und ich möchte Sie auch nicht mit persönlichen Eigenheiten langweilen – stattdessen möchte ich Ihnen ein paar Ideen vorstellen, wie Sie mehr Klarheit in Ihr System von Wille und Wirklichkeit bringen können.

Probieren wir es einmal mit einer ersten Daumenregel: Wirklich will ich, was ich mit Kopf, Herz und Bauch will.

Ich fürchte, diese Regel hilft nicht viel. Wenn es etwas gäbe, das wir mit unserem ganzen Wesen wollen, täten wir es. Die Regel ist eher ein Hinweis darauf, dass wir nach so etwas suchen sollten. Im Alltag hilft das nicht so viel.

Eine bessere Regel, um mehr Klarheit zu bekommen, lautet: Sehen Sie sich Ihre Werte an!

Abenteuer	Aktivität	Ansehen	Begeisterung	Bewegung
Dienen	Ehrlichkeit	Einfachheit	Einzigartigkeit	Erfüllung
Erkenntnis	Fähigkeit	Freiheit	Freude	Freundschaft
Frieden	Gemeinschaft	Gerechtigkeit	Glück	Harmonie
Herausforderung	Humor	Individualität	Kreativität	Lehren
Leistung	Lernen	Liebe	Macht	Mut
Ordnung	Religion	Ruhm	Schönheit	Selbständigkeit
Sicherheit	Spaß	Spiritualität	Toleranz	Veränderung
Verantwortung	Wahrheit	Weisheit	Weltverbesserung	Würde

Schreiben Sie sich Ihre fünf wichtigsten Werte auf. Nur fünf! Nehmen Sie sich Zeit, sich zu entscheiden. Machen Sie sich jetzt eine Tabelle: Schreiben Sie dann diese fünf Werte in die erste Zeile und Ihre wichtigsten Tätigkeiten (z. B. Ihr Beruf) und Rollen (z. B. Mutter) untereinander in die erste Spalte. Tragen Sie jetzt in jedes Feld der Tabelle eine Zahl von 1–10 ein – je höher die Zahl, desto besser entspricht die Tätigkeit oder Rolle dem betreffenden Wert.

Wenn Sie nun für jede Tätigkeit/Rolle die Zahlen zusammenzählen, haben Sie ein Maß dafür, wie sehr diese Ihren Wertvorstellungen entspricht – und damit, wie wertvoll sie für Ihr Leben ist.

Das klingt ein wenig mechanisch. Aber spielen Sie ein wenig damit. Vielleicht fallen Ihnen manche Entscheidungen dann schon etwas leichter. Und die Beunruhigung darüber, dass Sie etwas anderes tun, als Sie wirklich wollen, beruhigt sich.

Logisch!

Für einige Menschen ist das Wort »Logik« ein rotes Tuch, hinter dem sie alle Übel der Welt, vor allem aber Unmenschlichkeit, Technologie und Gefühlskälte wähnen. Für andere zählt nur das, was »logisch bewiesen« ist; alles andere ist dumm, irrational, fehlerhaft – kurzum: falsch, verkehrt und des Teufels (den es nicht gibt, was »logisch bewiesen« ist). Ist ja logisch!

Als Aristoteles vor über 2000 Jahren die Logik erfand, ahnte er wohl nicht, welch kuriose Vorstellungen die Menschen damit einst verbinden würden. Dabei ist Logik doch nichts weiter als folgerichtiges Denken. Und jemand der folgerichtig denkt, ist nicht weniger emotional als jemand, der Schwierigkeiten damit hat, Widersprüchlichkeiten und Konsequenzen zu durchschauen. Ein emotional völlig unterkühlter Technokrat kann dagegen in seinem Denken völlig inkonsequent sein.

Merkwürdigerweise wird die Logik gleichzeitig über- und unterschätzt. Manchmal sogar von ein und denselben Menschen. Im Gegensatz zu den Vermutungen von Zeitgenossen, die jederzeit auf »Logik« pochen, lässt sich mit Logik überhaupt nichts »beweisen«. Zumindest nichts Neues. Das Einzige, was die Logik vermag, ist, zu zeigen, ob Widersprüche zwischen Aussagen bestehen oder nicht – ob also eine Schlussfolgerung richtig ist. Doch ob die Grundaussagen wahr sind, kann man mit Logik nicht entscheiden.

Hexen können fliegen. Manche Frauen sind Hexen. Daher können manche Frauen fliegen. Der Schluss ist folgerichtig. Und doch ist er (vermutlich) nicht wahr.

In den folgenden Spielen wollen wir ein wenig mit der Logik spielen.

Spiel 50 Nicht mit mir!

Auch der vernünftigste Mensch bedarf von Zeit zu Zeit wieder der Natur,
das heißt seiner unlogischen Grundstellung zu allen Dingen.

Friedrich Nietzsche

Ein Gerücht, das sich beharrlich hält, besagt, dass Gefühle irgendwie im Gegensatz zur Logik stehen würden. Und das finden manche nicht gut. Was ist davon zu halten? Versuchen wir's doch einmal mit Logik.

1. Aussage: »Glücksgefühle sind Gefühle, die jeder Mensch anstrebt.« Ich denke, dass es nicht schwer fällt, dem zuzustimmen. Selbst ein Masochist sucht Glücksgefühle – nur liegen diese für ihn in der Qual.

2. Aussage: »Manche Menschen versuchen emotionslos zu denken und zu handeln.« Nämlich die, die es nicht gut finden, dass Gefühle sich in Überlegungen einmischen wollen.

3. Folgerung: »Manche Menschen versuchen unlogisch zu handeln.« Als Menschen streben sie laut Aussage eins Glücksgefühle an – doch Glücksgefühle sind Emotionen, die sie, laut Aussage zwei vermeiden wollen.

Im Grunde genommen können wir gewissermaßen gar nicht »unlogisch« denken. Stets handeln wir so, wie es uns in dem betreffenden Augenblick (einen Augenblick später vielleicht nicht mehr) folgerichtig scheint. Oder ist es ganz anders?

Spielen Sie doch einmal den Anti-Logiker.

Spielregeln

Dieses Spiel wird Ihnen besonders leicht fallen, wenn Sie Logik irgendwie abschreckend finden. Lassen Sie jede Logik beiseite. Machen Sie sich ein Spiel daraus, alle Zusammenhänge umzudeuten, zu leugnen, zu verneinen. Versuchen Sie, bewusst unlogisch zu denken.

Dauer: 10 Minuten *Schwierigkeitsgrad: V*

Keine leichte Frage – Eine un-logische Geschichte

Bevor ich beginne, muss ich mir erst darüber klar werden, wer ich bin. Das ist einfach, meinen Sie. Ich weiß nicht recht, soll ich Ihnen zustimmen? Ich höre Sie ja schließlich nicht, auch wenn Sie meine Gedankengänge verfolgen können.

Das überlegte sich Theophil Theodor Teufel, als er begann, seine erste und letzte Erzählung zu Papier zu bringen. Tja, da konnte ich ihm nun nicht helfen. Denn in der Tat war es ein vertracktes Problem. Wer war Theophil T. Teufel? Auch mir war es nicht klar, wer er war, woher er kam, und wohin er verschwand. Vielleicht war er ein ganz normaler Mensch wie du und ich, vielleicht aber hatte sich auch – wie sein Nachname, dem Vornamen Hohn sprechend, andeutet – der Leibhaftige in diesem Herrn manifestiert? Es ist nicht leicht zu sagen. Auch Sie können mir bei diesen Überlegungen kaum behilflich sein, wie Theophil bereits anfangs erläuterte. Andererseits … Nein, ich denke nicht, dass Sie mir doch noch helfen könnten, diese Möglichkeit können wir ausschließen; nein, ich meine: Hat Theophil selbst es erläutert, oder war ich es?

Es besteht immerhin die Möglichkeit, dass ich Herrn Teufel nur erdacht habe, um eine Geschichte zu beginnen. Doch gerade sagt mir meine Tochter, dem sei keineswegs so, Onkel Theo sei doch erst gestern zu Besuch gekommen. Das muss ich ihr wohl glauben. Obwohl natürlich auch meine Tochter, meine Frau und unsere Seeschlange ein Produkt meiner Fantasie … Das hätte ich wohl besser nicht geschrieben, denn mein liebes Weib blickte mir soeben über die Schulter, wenig erfreut, als Fantasieprodukt auf dem Papier zu erscheinen.

Ach was, dachte Beatrice, ich bin kein Mann und ich bin nicht einmal verheiratet, das glaubt mir ja doch niemand. Damit zog sie das Blatt aus der Schreibmaschine, zerknüllte es zu einer Papierkugel und warf diese aus dem Fenster.

Unter diesem Fenster stand ich gerade und hatte das eigenartige Gefühl meinen Regenschirm aufspannen zu müssen, als mich besagte Papierkugel am Kopf traf. Ein Glück, dachte ich, dass Beatrice ihre Werke nicht in Steintafeln meißelt; die Geschichte hätte ein böses Ende nehmen können … Dieser Gedanke schien mir einer weiteren Überlegung wert und ich eilte meinem Haus zu, um Ordnung in meinen Kopf und einige Worte aufs Papier zu bringen.

Kaum zu Hause angelangt, sprang mir Sokrates, mein siamesischer Kater aus Düsseldorf, entgegen und sprach zu meinem größten Erstaunen also: »Was du hier treibst, mein Lieber, ist doch Unsinn. Ich weiß überhaupt nicht mehr, wer diese Geschichte nun eigentlich schreibt! Du solltest dich einmal entscheiden …« Kaum war sein Miauen verklungen, als er sich auch schon in ein kleines Rauchwölkchen auflöste, das aus meiner Pfeife aufzusteigen schien. Und dabei rauche ich doch überhaupt nicht. Vielleicht sollte ich über dieses Problem noch ein wenig nachdenken. Ach was. Ich werde erst einmal hinunter zum Essen gehen, meine Frau hat schon nach mir gerufen. Heute gibt's Seeschlangensuppe.

Spiel 51 Wettlauf

Der Weg des Paradoxes ist der Weg zur Wahrheit.
Um die Wirklichkeit zu prüfen, muss man sie auf dem Seil tanzen lassen.

Oscar Wilde

Was ist Realität, was ist Illusion? Die meisten Menschen werden von dieser Frage in ihrem Alltag nicht allzu sehr gequält. Und doch wird diese Frage allmählich immer aktueller: Wenn wir Fotos in Magazinen, Bilder im Fernsehen oder im Kino sehen, wissen wir nicht mehr, was real ist und was von Künstlern im Computer erschaffen wurde. Nicht einmal bei den Personen, die im Film auftreten, können wir sicher sein, dass es Menschen sind. Die Grenzen verschwimmen. Die Frage nach Realität oder Illusion beginnt sich also zumindest den Kinobesuchern zu stellen. Eigentlich seltsam, da sie ohnehin nur über eine Illusion sprechen: die des Films, der ihnen vorgaukelt, sie sähen Personen, die nach bestimmten Motiven handeln, und der eine Illusion von Bewegung schafft, indem ruckweise einzelne Bilder einer Filmrolle für den Bruchteil einer Sekunde auf eine Leinwand projiziert werden.

Philosophen ist das noch nicht genug Illusion. Das reicht noch lange nicht. Möglicherweise ist Bewegung überhaupt eine Illusion? Vielleicht ist alles Illusion: die ganze Welt, das ganze Leben, das ganze Ich?

Wir wollen's mal nicht übertreiben. Aber wie ist es denn mit der Bewegung?

Spielregeln

Der Philosoph Zenon meinte, dass Bewegung eine Illusion sei. Um dies zu beweisen, veranstaltete er einen virtuellen Wettkampf, bei dem Achilles und eine Schildkröte zu einem Wettlauf antreten. Natürlich gibt der Held dem Reptil einen Vorsprung. Nun muss er, um die Schildkröte einzuholen, erst die Hälfte des Abstands zurücklegen; um den Rest zu bewältigen, die Hälfte des Restes usw. Achill kann das Vieh also nie und nimmer einholen. Unsere Sinne zeigen uns aber das Gegenteil. Daraus folgt: Bewegung ist eine Illusion?
Oder etwa nicht? Spielen Sie mit dem Gedanken.
Dauer: 15 Minuten *Schwierigkeitsgrad: IV*

Ist Zenons »Paradox« nicht ein herrliches Beispiel dafür, zu welchen Absurditäten logisches Denken führen kann?

Die häufigste Antwort auf Zenons Gedankenspiel lautet: »Das kann man doch ganz einfach widerlegen, indem man den Wettlauf durchführt – es müssen dafür ja nicht unbedingt Helden und Schildkröten herhalten. Dann zeigt sich schon, was Realität und was Hirngespinst ist!«

Was vielleicht auf den ersten Blick einleuchtet, ist doch zu kurz gegriffen. Zenon wollte mit seinem Gedankenexperiment zeigen, dass Bewegung eine Illusion ist. Nun ist es ja aber gerade das Wesen einer Illusion, dass sie uns etwas vorgaukelt – beispielsweise Bewegung. Was für eine Illusion von Bewegung sollte das denn sein, bei der man überhaupt keine Bewegung wahrnimmt?

Nun mag Ihnen das vielleicht sehr weit hergeholt scheinen. Es liegt aber näher, als Sie denken. Wenn man mit einem Projektor einen Lichtpunkt auf die Wand projiziert und eine Weile später einen Lichtpunkt an eine Stelle einen Meter daneben – dann sehen Sie keine Bewegung, sondern zwei nacheinander projizierte Lichtpunkte. Wie erwartet. Was hat das aber nun mit der Illusion von Bewegung zu tun? Viel – wenn nämlich der zeitliche Abstand zwischen den Projektionen sehr kurz ist, sehen Sie eine Bewegung! Ihr Gehirn konstruiert diese Illusion. So funktioniert im Prinzip auch das Kino, bei dem Ihr Gehirn ebenfalls aus nacheinander gezeigten Bildern Bewegungen schafft.

Doch zurück zu Zenon: Mathematisch gebildete Leser werden vielleicht versuchen, Zenon mit Hilfe der Infinitesimalrechnung zu erklären. Das kommt tatsächlich vor. Höhere Mathematik ist allerdings völlig unnötig, um zu verstehen, was es mit Achill und der Schildkröte auf sich hat. Es ist viel einfacher. Sehen wir uns das doch einmal genau an.

Alles, was Zenon sagt, stimmt: Erst muss Achill die Hälfte der Strecke zurücklegen, dann die Hälfte des Restes, dann die Hälfte dieses Restes. Nun kann man freilich mit der Infinitesimalrechnung schnell feststellen, dass der Abstand zwischen Held und Reptil gegen null geht. Und? Hilft das, die Angelegenheit zu verstehen?

Wenn wir uns den Wettlauf vorstellen, so machen wir fast unweigerlich einen Fehler. Wir machen uns nicht klar, dass wir immer kleinere Zeiträume betrachten. Wir sehen uns jede der »Phasen« (die Hälfte der Wegstrecke) als gleich lange Kurzfilme an. Nur dadurch entsteht der Eindruck eines Paradoxons.

Dämmert es, was Zenon eigentlich mit seinem Gedankenspiel sagte? Ganz einfach: Wenn die Zeit stillsteht, gibt es keine Bewegung. Bewegung ist also tatsächlich eine Illusion – hervorgerufen durch die Zeit.

Spiel 52
Sklaverei

Die Sklaven verlieren in ihren Ketten alles, sogar den Wunsch, sie abzuschütteln; sie lieben ihre Knechtschaft wie die Genossen des Odysseus ihre Tiergestalt.

Der Gesellschaftsvertrag I, Über die ersten Gemeinschaften
Jean-Jacques Rousseau

Der Mensch ist das höchste aller Lebewesen. Mit großem Abstand. Meint der Mensch. Was macht ihn dazu? Seine Intelligenz? Seine Fähigkeit zu sprechen? Seine enorm entwickelten Methoden, andere Lebewesen zu töten? Oder sein Lachen, seine Güte, seine Kreativität?

Ein Dialog zwischen einem Professor für Pädagogik und einem Studenten: »Der Mensch steht über den Tieren …« »Warum das?« »Er ist am höchsten entwickelt.« »Also beim Schwimmen, Auf-Bäume-Klettern, Hitze- oder Kälteertragen ja schon einmal nicht!« »Aber seine Intelligenz!« »Ist das nicht etwas dreist? Seine beste Fähigkeit nehmen und dann daran den Wert von allem anderen zu messen?« »Nun gut, aber man könnte es auch so definieren: Der Mensch ist das einzige Lebewesen, das alles Leben auf der Erde vernichten kann.«

Traurig daran ist, dass dieses Gespräch tatsächlich so, nahezu wortwörtlich stattgefunden hat. Das war um 1990.

Vielleicht ist es für das Selbstbewusstsein mitunter gut, sich in besonders günstigem Licht zu sehen. Manchmal kann das allerdings auch in die Irre führen. Dann könnte es gut tun, die Dinge einmal ganz anders zu betrachten.

Spielregeln

Das Leben begann mit sich selbst reproduzierenden Molekülen. Jede Veränderung, die dazu führte, dass sich das Molekül nicht mehr so gut verbreiten konnte, führte zum Aussterben – jede Mutation, die seine Verbreitung förderte, machte das Molekül erfolgreicher. Unsere Gene sind solche (DNS-)Moleküle. Gibt es vielleicht nur eine Lebensform auf dem Planeten? Sind wir nur Sklaven dieser Lebensform? Spielen Sie mit diesem Gedanken.

Dauer: 5 Minuten *Schwierigkeitsgrad: IV*

Dieses Spiel verlangt Ihnen viel ab. Das Selbstwertgefühl ist schnell verletzt. Eine einzige kleine Andeutung, wir seien im Großen und Ganzen eher unwichtige Nebenerscheinungen in der Welt, lässt Ängste, Aggressionen und Argumente in uns brodeln. Was geschieht dann wohl bei diesem Spiel, in dem wir uns nicht nur als unvollkommen, sondern als vollkommen unwichtig betrachten? Als absolut nebensächliche Begleiterscheinung biochemischer Vorgänge? Als Sklaven ohne eigenen Willen, ja sogar ohne echtes eigenes Leben?

Die erste Reaktion wird in der Regel, je nach Temperament, Erstaunen, Gelächter, Empörung oder Kopfschütteln sein. Ist nicht die Idee, auf der dieses Spiel beruht, absolut lachhaft und abwegig? Was ist Leben? Bewegung? Auch die Winde, auch die Kontinente bewegen sich. Wachstum? Auch Kristalle wachsen. Ein Stoffwechsel? Schon eher, doch Viren gehören doch auch irgendwie zu den Lebewesen. Aber sie bilden einen Grenzfall. Ein Virus ist eigentlich nur ein DNS-Molekül mit einer Hülle. Fortpflanzung! Das ist das Einzige, was die Essenz des Lebens ausmacht.

Vor über drei Milliarden Jahren entstanden in der brodelnden Hexenküche der jungen Erde seltsame Moleküle, die die wunderliche Eigenschaft hatten, die Stoffe, aus denen sie bestanden, anzuziehen und Abbilder ihrer selbst daraus zusammenzusetzen. Diese Eigenschaft führte dazu, dass es – trotz der Zerbrechlichkeit und Instabilität eines solchen Moleküls – bald sehr viele davon gab.

Doch nichts ist vollkommen. Und so entstanden beim »Kopieren« manchmal Fehler. In der Regel bedeutete so ein Fehler, dass ein »totes« Molekül entstand, das sich nicht selbst kopieren konnte und schnell wieder zerfiel. Sehr, sehr selten geschah es jedoch, dass der Fehler etwas entstehen ließ, dem es noch besser gelang, sich zu vervielfachen.

Im Lauf von Äonen entwickelten sich die komplexesten Stoffe des Universums. Die Nukleinsäuren bildeten nun gewaltige, milliardenfach größere biologische Schutz- und Fortbewegungsmechanismen aus, die so genannten Lebewesen. Doch im Kern eines jeden Tieres, einer jeden Pflanze, ja selbst eines jeden Virus befindet sich das Molekül, um das es eigentlich geht. Nur die DNS lebt. Alles andere sind nur Trägersubstanzen.

Für den Menschen ist das zunächst einmal nicht sehr schmeichelhaft. Wir sind nur Sklaven eines sich multiplizierenden Moleküls? Doch vielleicht wird der Sklave allmählich zu selbstständig und ist dabei, die Fesseln zu sprengen. Das Spirituelle mag über das Biologische hinausgehen. Doch das Spirituelle handelt nicht mehr im »Interesse« der DNS. Das heißt auch, Spiritualität muss immer wieder von jedem neu entdeckt werden. Das Spirituelle ist »unnatürlich«.

Die spirituellen Meister sahen die Natur als ein Ganzes und sich eins damit. Von welchem Standpunkt aus?

Spiel 53

Spiel 53

Man muss die Tatsachen kennen, bevor man sie verdrehen kann.

Mark Twain

Was das Phänomen »Bewusstsein« so spannend und geheimnisvoll erscheinen lässt, ist seine Selbstbezüglichkeit. Das Bewusstsein betrachtet sich selbst. Und wenn es das tut, kann es sich selbst dabei beobachten, wie es sich selbst betrachtet. Und so weiter …

In diesem »und so weiter …« ist ein Trick verborgen, der das Bewusstsein geheimnisvoller scheinen lässt, als es ist. Es tut nämlich so, als würde sich die Selbstbezüglichkeit immer weiter fortsetzen und sich in der Unendlichkeit verlieren. So ist es natürlich nicht. Das kann jeder leicht an sich selbst feststellen, indem er sich beobachtet, wie er sich betrachtet, wie er … Und so weiter? Sich selbst beim Beobachten zu betrachten gelingt den meisten. Sich dann *dabei* zu beobachten ist schon sehr viel schwerer. Und nur einzelnen Menschen mit ungewöhnlicher Vorstellungskraft mag es gelingen, eine weitere Ebene der Selbstbezüglichkeit zu erreichen.

Wenn sich etwas selbst betrachtet oder sich gar beim Betrachten seiner selbst beobachtet, wird ihm wahrscheinlich schwindelig. Und mitunter kann es zu merkwürdigen Verwicklungen kommen.

Spielregeln

Spielen Sie mit der Logik der Sprache. Versuchen Sie herauszufinden, was geschieht, wenn sich Sätze auf sich selbst beziehen. Wie beispielsweise dieser hier. Können Sie sich vorstellen, dass es Sätze gibt, die Sie nicht für wahr halten können, die aber alle anderen für wahr halten müssen?

Dauer: 10 Minuten *Schwierigkeitsgrad: III*

Das Spiel mit der Selbstbezüglichkeit führt uns in eine Welt, die zwischen verschiedenen Zuständen oszilliert. Die Wendung auf sich selbst zurück ist wie der Blick eines Spiegels in einen anderen. Genießen Sie das Spiel und schweben Sie zwischen den Zuständen.

»Dieser Satz enthält zwei Feeler.«
Welche zwei?
»Ist die Gegenfrage ›Ist die Gegenfrage eine Antwort?‹ eine Antwort?«
Was ist nun die Gegenfrage?
»Dieser Satz ist falsch.«
Was ist falsch?
»Der folgende Satz ist wahr.«
»Der vorige Satz ist unwahr.«
Ein boshaftes Pärchen …
Obwohl dieser Satz mit »weil« beginnt, ist er falsch.
– Obwohl …
»Hat kein Subjekt.«
»Dieser Satz kein Verb.«
Das was fehlt, ist irgendwie dennoch vorhanden.
»Dieser Satz endet mit einem.«
»Dieser Satz hingegen endet mit einem Punkt«
Wo hört ein Satz auf?
»Dieser Satz wäre wahr, wenn er das Gegenteil behaupten würde.«
Aber er ist ja nun einmal nicht wahr, nicht wahr?
»Wie würde dieser Satz lauten, wenn es keine Sterne gäbe?«
Gäbe es diesen Satz *überhaupt?*
»Schade, dass ich nur ein Satz bin und kein Mensch wie du. Dann könnte ich mich verlieben, tanzen und im Meer schwimmen. Und ich könnte mich sogar selbst schreiben!«
Ja, wirklich schade!

Und nun zu guter Letzt der versprochene Satz, den Sie nicht widerspruchsfrei für wahr halten können, obwohl für jeden anderen (logisch denkenden) Menschen auf der Welt die Wahrheit des Satzes offensichtlich ist: »Diesen Satz kann [hier fügen Sie Ihren Namen ein] nicht widerspruchsfrei für wahr halten.«

Der Nebel, in den die Sprache uns hüllt, bietet manche Überraschung.

Spiel 54 Was?

Zu allem Handeln gehört Vergessen, wie zum Leben alles Organischen nicht nur Licht, sondern auch Dunkel gehört.

Unzeitgemäße Betrachtungen 2, 1
Friedrich Nietzsche

Bitte merken Sie sich folgendes Wort: Eigentlich. Ist das nicht eine leichte Aufgabe? Doch im Grunde geht es mir um etwas ganz anderes. Etwas Geheimnisvolles und Mysteriöses und manchmal sogar Erschreckendes. Es jagt den Menschen Angst ein. Und es ist auch kein Wunder, dass Menschen es fürchten.

Manchmal kommt es völlig überraschend. Oft merken wir nicht einmal, dass es gekommen ist – bis wir es plötzlich dicht vor den Augen haben. Manchmal nähert es sich aber auch ganz langsam, und wir sehen es voller Entsetzen immer dichter an uns heranrücken.

Sehen Sie auf Ihre Uhr. Jetzt!

Was haben Sie gesehen? Die Zeit? Vergessen Sie's!

Oft wird das Geheimnisvolle gefürchtet, doch mitunter ist es hoch willkommen. Denn es bringt nicht nur Verzweiflung und Trauer, sondern auch Heilung und Frieden mit sich.

Wahrscheinlich haben Sie keine Ahnung, von was ich spreche. Vielleicht haben Sie sich aber auch schon eine Theorie gebildet? Ich will Sie nicht länger auf die Folter spannen: Es geht um das Vergessen.

Was war noch mal das Wort, das Sie sich am Anfang des Textes merken sollten?

Spielregeln

Dieses Spiel ist in gewisser Weise das Gegenteil des berühmten Memory. Bei diesem Spiel versuchen Sie, etwas zu vergessen. Nehmen Sie ein Blatt Papier zur Hand und schreiben Sie drei Wörter auf. Drehen Sie das Blatt um. Wie schnell gelingt es Ihnen zu vergessen, was Sie aufgeschrieben haben?

Dauer: 10 Minuten *Schwierigkeitsgrad: IV*

Die Aufforderung etwas zu vergessen mutet ein wenig absurd an. Wollen wir uns absichtlich von einem Gedächtnisinhalt trennen, stoßen wir auf Schwierigkeiten, die nicht nur praktischer Art sind. Gerade die Absicht zu vergessen steht dem Vergessen im Weg. Es ist nicht gerade leicht, das Bewusstsein daran zu hindern, Fragen zu stellen: »Vergessen? Was denn?« Und prompt kommt die Antwort. Das Bewusstsein muss wissen, was es vergessen soll, um dem Auftrag Folge leisten zu können.

Vergessen ist negativ. Unser Verstand hat mit Negativem keine Probleme. Er kann positive in negative Formen übersetzen: »nicht schlecht« = »gut«, »hässlich« = »nicht schön«, »erinnern« = »nicht vergessen« … Der Verstand hantiert quasimathematisch mit abstrakten Symbolen. Prinzipiell ist es ihm egal, ob etwas positiv oder negativ formuliert wird: – schlecht = + gut; – gut = + schlecht.

Für unseren intuitiven, bildhaften, unterbewussten Geist ist jedoch das abstrakte Konzept »nicht« unfassbar. »Nichts« kann nur als Abstraktum zu »etwas« werden. Tanzen, trauern, fürchten, ja, sogar denken können wir mit sinnlichen Erfahrungen verbinden und in uns ein sichtbares, hörbares, fühlbares, riechbares, wunderbares Bild entstehen lassen. »Nichts« ist jedoch nur ein Wort.

Lehrer können das oft bei albernen Schülern beobachten, die immer wieder aufgefordert werden, *nicht* zu schwätzen, *nicht* zu lachen, *nicht* den Unterricht zu stören … Die Pädagogen wundern oder ärgern sich dann, dass selbst ihre wiederholten Appelle nicht zur erhofften Ruhe im Klassenzimmer führen. Was vor allem zeigt, dass auch Lehrer nicht immer besonders lernfähig (oder lehrfähig) sind, aber auch, dass »nicht« kein sehr wirksames Wort ist. Es löst kein Vorstellungsbild aus. Und nur unsere inneren Bilder, nicht aber abstrakte Worte bewegen uns.

Der Weg zum Vergessen führt also nicht über den bewussten Verstand. Aber worüber dann?

Vergessen passiert von selbst. Dass wir vergessen, ist die Regel, dass wir uns erinnern die Ausnahme. Nur Dinge, die uns wirklich wichtig sind, behalten wir. Wichtig wird etwas dann, wenn es mit anderen inneren Bildern, Gefühlen und Motiven in einem sinnvollen Zusammenhang steht – oder wenn es oft genug wiederholt wird.

Genau das tun wir mehr oder weniger unbewusst, wenn wir versuchen die drei Wörter zu vergessen. Wollen wir vergessen, müssen wir die Wiederholung abstellen. Das ist leicht gesagt. Aber mit viel Konzentration kann es gelingen.

Das Spiel des Vergessens ist ein Konzentrationsspiel.

Spiel 55 Der Tod einer Mücke

> Für seine Handlungen sich allein verantwortlich fühlen
> und allein ihre Folgen, auch die schwersten, tragen,
> das macht die Persönlichkeit aus.
>
> *Ricarda Huch*

Ständig stehen wir vor Entscheidungen. Wir entscheiden uns dafür, etwas zu tun, oder dagegen, etwas zu tun. Oder wir weigern uns, eine Entscheidung zu treffen. Und auch dies ist eine Entscheidung. Auch diese Wahl hat Konsequenzen. Indem wir handeln oder nicht handeln, verändern wir unsere Zukunft (– oder könnte man das auch anders sehen?). Unsere Vermutungen, wie sich unsere Entscheidungen auswirken, bestimmen einen großen Teil unseres Handelns. Daher haben wir einen Verstand, der Konsequenzen abschätzen, und ein Gewissen, das die Konsequenzen bewerten kann.

Doch können wir die Folgen unseres Tuns überhaupt abschätzen? Natürlich sind wir nicht unfehlbar. Doch können wir prinzipiell die Konsequenzen dessen, was wir tun, erkennen?

Die chinesischen Daoisten meinten, dass absichtsvolles Handeln stets in die Irre geht. Die Folgen jeglichen Tuns sind unabsehbar. Ihre Lösung bestand darin, dass sie dem Prinzip des *wu-wei*, des absichtslosen Tuns, folgten.

Wie schwierig es ist, die Konsequenzen selbst kleinster Handlungen vorherzusehen, wollen wir uns in diesem Spiel ansehen.

Spielregeln

Bei diesem Spiel steigen Sie in eine Zeitmaschine und reisen in die ferne Vergangenheit. Sie wollen nur beobachten, doch nichts verändern. Doch aus Versehen treten Sie auf ein Insekt. Was geschähe, wenn Sie 100 Millionen Jahre in die Vergangenheit reisten und dabei eine Mücke töteten?

Dauer: 5 Minuten *Schwierigkeitsgrad: III*

Zeitreisen sind uns vertraut. Wir alle reisen durch die Zeit in die Zukunft. In die Vergangenheit zu reisen, hat uns die Natur allerdings verwehrt. Es könnte kompliziert werden. In der Literatur gibt es zahlreiche interessante Gedankenspiele, die sich mit Zeitreisen in die Vergangenheit befassen. Mit den Paradoxien zu spielen, die sich dabei ergeben können, kann sehr unterhaltsam sein. Was geschähe, wenn ich meinen Großvater davon abhalten könnte, meine Großmutter kennen zu lernen? Dann wäre ich nie geboren worden – aber wer hätte dann verhindert, dass ich geboren würde?

Alois und die Fliege
Wie beinahe jeden Abend saß Alois in der Weinstube und trank sein Viertel. Zwar war er nun verheiratet, doch sein Glas Wein ließ er sich nicht nehmen. Sein Amt als Zöllner war meist recht bequem, und es war alles in Ordnung im Jahr 1888. Kaiser Franz Joseph regierte nun schon das 40. Jahr. Den Deutschen war gerade ihr Kaiser Wilhelm I. gestorben und sein mit Kehlkopfkrebs todkranker Sohn war sein Nachfolger geworden. Jaja, die Deutschen …

Während Alois sinnierte, gab es ein winziges kosmisches Missgeschick, welches zur spontanen Entstehung einer Fliege in einer dunklen Ecke der Gaststube führte. Kaum war das Insekt in die Welt gelangt, wurde es auch schon wieder durch einen gezielten Hieb des Kellners mit der Zeitung aus ihr hinausbefördert. Alois nahm das nicht bewusst wahr; nur sein Auge wandte sich für eine Hundertstelsekunde in die Richtung, wo es die plötzliche Bewegung registriert hatte.

Kurz darauf verließ Alois die Stube und machte sich leicht beschwingt auf den Weg nach Hause. In seinen Lenden regte sich die Lust. Vielleicht würde er heute mit Klara ein Kind zeugen?

Das Spermium, das die Eizelle erreichte, traf dort nur eine Hundertstelsekunde vor der folgenden ein. Etwa neun Monate später, am 20. April 1889, wurde Anna geboren.

Das kränkliche, schüchterne, sensible Kind war offensichtlich hoch intelligent. Als Zehnjährige begann sie damit, Romane zu schreiben, die bereits ihre Begabung erahnen ließen. Sie schloss die Schule mit höchster Auszeichnung ab, und aus dem schüchternen kränklichen Kind wurde, wie wir heute alle wissen, die berühmte Schriftstellerin, die 1935 mit dem Literaturnobelpreis geehrt und 1970 zur Kulturministerin unserer ersten Weltregierung ernannt wurde; ein Amt, das sie fast 20 Jahre innehatte.

1991 starb sie nach einem erfüllten Leben, an dem Tag, an dem der erste Mensch den Mars betrat, in ihrer Wahlheimat Vancouver. Auf der Urne, die in die Erdumlaufbahn geschossen wurde, stand nur ihr Name, Anna Hitler.

Spiel 56 Hühnerhof

War die Henne zuerst? Oder war das Ei vor der Henne?
Wer dies Rätsel erlöst, schlichtet den Streit um den Gott.

Epigrammatisch
Johann Wolfgang von Goethe

Dr. Faust (Heinrich, nicht Wladimir) wollte alles wissen. Ihn plagte der Erkenntnisdrang, vulgo Neugier. Neugier ist ein wichtiger Teil des Menschlichen. Der Drang, Neues zu erfahren, zu wissen, was in der Welt und darüber hinaus geschieht, steckt in jedem Menschen – in manchen mehr, in anderen weniger. Doch der Funke des Wissenwollens ist in jedem von uns.

Im Drama zeigt sich, dass es nicht ungefährlich ist, aus Neugier seine Seele zu verkaufen. Auch heute, da Mephistopheles nur noch selten persönlich erscheint, locken Geld, Ruhm, Ehre und allerlei andere kurzweilige Dinge – doch ihre Seele verkaufen die Menschen immer noch vor allem aus Neugier.

Die Antworten auf manche Fragen können wir prinzipiell wissen. (Wie viel wiegt ein Liter Birnennektar?) Die Antworten auf andere können wir prinzipiell nicht wissen. (Wie wäre mein Leben verlaufen, wäre ich zehn Jahre früher geboren?) Wieder andere Fragen sind kein Gegenstand des Wissens. (Ist Rot eine schöne Farbe?) Und schließlich gibt es Fragen, die zu beantworten außerordentlich schwierig oder fast unmöglich scheint.

Mit einer dieser Fragen wollen wir nun ein wenig spielen. Es geht um Geflügel.

Spielregeln

Spielen Sie ein Spiel, das immer wieder von vorne beginnt, indem Sie die uralte Frage zu beantworten versuchen: Was war zuerst: die Henne oder das Ei? Geben Sie nicht zu schnell auf, sondern versuchen Sie spielerisch ernsthaft eine Lösung zu finden und »den Streit um den Gott« zu schlichten.

Dauer: 15 Minuten   *Schwierigkeitsgrad: IV*

Ganz Schlaue antworten vielleicht wie aus der Pistole geschossen: Natürlich das Ei! Denn Eier legende Tiere gab es schon lange, bevor es Vögel gab.

Diese Antwort ist zwar formal richtig, doch sie verkennt die Frage. Also präzisieren wir sie: Was war zuerst – die Henne oder das Hühnerei? Trotzdem sollten wir die Schlaumeierantwort im Hinterkopf behalten, denn auf Umwegen führt sie vielleicht zu einer neuen Idee.

Natürlich ist die Frage nach Huhn oder Ei gar keine echte Frage, sondern eine rhetorische. Eine Antwort wird nicht erwartet (und ist dann auch nicht erwünscht). Doch wir spielen ja nicht, um Erwartungen zu erfüllen. Im Grunde steht die Frage für eine Aussage: Es gibt Dinge zwischen Himmel und Erde, die wir niemals wissen werden.

Auch wenn wir dieser Aussage selbstverständlich zustimmen, geben wir uns als neugierige Menschen damit noch nicht zufrieden. Zugegeben: Es sieht schwierig aus. Die Henne kriecht aus dem Ei; doch das Ei kommt aus einer Henne, die wieder aus einem Ei schlüpft usw. Nehmen wir ein wenig Evolution, geben ein wenig Nachdenken und Logik hinzu und schauen wir doch einmal, ob nicht vielleicht doch eine Antwort auftaucht. Sehen Sie sich einmal diese Zeichnung an:

»Ei«!

»Huhn«?

Die Zeichnung zeigt die »Evolution« eines Quadrates, das für das Huhn steht. Irgendwann einmal ist klar, dass die Figur ein Quadrat (Huhn) ist; spätestens bei der letzten Zeichnung. Doch was ist die Bedeutung des Eis? Ist ein Hühnerei ein Ei, das von einem Huhn gelegt wird, oder eines, aus dem ein Huhn (bzw. Quadrat) schlüpft? In der Regel ist natürlich beides der Fall – doch wir suchen ja die Grenzen. Nur von dieser Definition hängt es ab, ob das das Quadrat (Huhn) oder die Ellipse (Ei) zuerst da war. Zwar ist die Antwort von der Definition abhängig, doch wir bekommen immerhin eine Antwort. Es ist nämlich gleichgültig, welche Form wir als das »erste Quadrat« anerkennen oder, wenn wir in die Vergangenheit reisen könnten, als das erste Huhn.

Kam nun dieses erste Huhn aus einem Hühnerei? Die Frage erweist sich weniger als geheimnisvolles Rätsel, sondern als Definitionsspielchen: Kann ein Nicht-Huhn ein Hühnerei legen? Kann aus einem Nicht-Hühnerei ein Huhn schlüpfen? Die Frage ist nur dann schwer zu beantworten, wenn wir uns nicht klar darüber sind, was ein Hühnerei ist.

Wenn schon das Paradebeispiel dafür, dass wir nicht alles wissen können, so schnell brüchig wird – vielleicht können wir doch noch mehr erkennen, als wir annehmen. Von dem, was wir nicht wissen, bleibt noch genug, um weiterhin endlose Streitereien um den Gott zu führen.

Denken Sie bitte beim nächsten Frühstücksei daran.

Leben & Leiden

Leben, meinte Buddha, ist Leiden. Das klingt ja nicht so gut. Optimisten schütteln amüsiert die Köpfe, Pessimisten nicken bestätigend. Und beide haben nicht recht verstanden, was Buddha meinte.

Offensichtlich nicht, dass es nichts Schönes, Angenehmes und Erfreuliches gebe. Ganz im Gegenteil: All diese schönen, angenehmen und erfreulichen Dinge wecken unsere Begierden. Und diese Begierden, das ist vielleicht leichter zu verstehen, sind die Ursache des Leidens. Aber Leben ohne Begierden ist nicht vorstellbar. Zumindest Luft, Nahrung und Wasser müssen wir begehren. Ja, auch das Weiterlebenwollen ist eine Begierde. Der Durst nach Leben.

Aber sind Begierden denn so schlimm? In jedem Fall sind sie bereits zum Teil Leiden: Der Wunsch, etwas zu haben, beinhaltet das Gefühl eines Mangels. Aber mehr noch: Alle Begierden werden durch Alter, Krankheit und Tod schließlich enttäuscht. Wenn wir unsere Begierden loswerden, werden wir wohl auch weniger Leid erfahren. Nur: Ist ein Leben ohne Begierden überhaupt lebenswert? Nicht wirklich. Völlig ohne Begierden ist es ja nicht einmal möglich.

Was Buddha wohl meinte, war dies: Wir haben Begierden, die uns hierhin und dorthin treiben und im Großen und Ganzen unangenehm sind – solange wir begehren, und erst recht, wenn wir etwas wieder verlieren. Lassen wir unser Leben nicht mehr völlig unkontrolliert durch unsere Begierden steuern, werden wir vielleicht oder gar viel leichter Sinn, Erfüllung, Frieden und – nach ein paar Jahren Meditation unter einem Baum – sogar Erleuchtung finden.

Das klingt doch schon viel besser.

Spiel 57 Urschrei

Die Freude verallgemeinert, der Schmerz individualisiert den Menschen.

Tagebücher 1847
Friedrich Hebbel

Es gibt Dinge, die wir lernen müssen. Sogar die meisten: sprechen, laufen, küssen, beten … Menschen sind bei ihrer Geburt hilfloser als alle anderen Lebewesen. Dieser Mangel ist aber gerade die Stärke des Menschen. Da wir beinahe alles lernen müssen, können wir fast alles lernen. Der Mensch kommt nicht als Mensch auf die Welt, er wird zum Menschen gebildet – von anderen und sogar von sich selbst.

Ganz ohne Fähigkeiten kommen wir aber nicht in die Welt. Wir können atmen, uns mit erstaunlicher Kraft festhalten und mit einer ganzen Reihe von Reflexen auf die Welt reagieren. Wir können lächeln, saugen, aus Billiarden von Nervenimpulsen, die unser Hirn überfluten, eine zusammenhängende Welt konstruieren – und wir können schreien.

Schreien ist die ursprünglichste Form der Kommunikation. Neben dem Lächeln ist das Schreien eine der wenigen Möglichkeiten für ein Baby, seine Bedürfnisse auszudrücken. Auch später im Leben schreien Menschen, wenn sie erregt sind und keine andere Möglichkeit haben, sich mitzuteilen. Schreien ist so ursprünglich, dass es nicht verwundern sollte, wenn es unsere Seele berührt.

Spielregeln

Ein guter Platz, um dieses Spiel zu spielen, ist Ihr Auto – falls Sie über keine schalldichte Gummizelle oder extrem geräuschtolerante Nachbarn verfügen. Schreien Sie im Auto so laut Sie können Ihren Schmerz heraus. Wortlos oder mit Sätzen wie: »Ich bin wertvoll!« oder »Ich will leben!«. Am besten spielen Sie dieses Spiel auf der Fahrt zu jemandem, der Sie danach in den Arm nimmt.

Dauer: 5 Minuten *Schwierigkeitsgrad: II*

Wenn wir geboren werden, wundern wir uns erst einmal. Dann holen wir tief Atem und schreien. Falls nicht, ist meist etwas verkehrt. Das ändert sich später.

Irgendetwas am Schreien ist wichtig. So wichtig immerhin, dass der Psychologe Arthur Janov das Schreien in den Mittelpunkt seiner Urschreitherapie stellte. Er mochte den Begriff nicht besonders – es geht nicht um das Schreien an sich, sondern um den Urschmerz der Geburt, der mit dem Urschrei ausgedrückt und überwunden wird.

Als Therapie erscheint mir das zu wenig. Doch das Herausschreien der Schmerzen, die wir in unserem Geist und Körper gesammelt haben, löst Spannungen und durchbricht Blockaden, die uns von unseren Gefühlen trennen. Das Kreisen der Gedanken kommt in diesen Augenblicken zur Ruhe.

Stellen Sie sich vor, jedes Gefühl erzeugte ein Gasbläschen. Je weniger Sie Ihre Gefühle herauslassen, desto schmerzhafter wird es, und Sie werden immer unflexibler. Die »Gefühlsgase« drücken Sie, doch Sie wissen nicht, wie Sie sie herauslassen können – denn das ist erst einmal schmerzhaft, und es ist Ihnen möglicherweise auch noch peinlich. Auch das erzeugt wieder unangenehme Gefühle, die den Druck weiter erhöhen.

Vielleicht lernen Sie allmählich zu verhindern, dass Gefühle entstehen. Ohne Gefühle wird das Problem zwar nicht schlimmer, aber auch nicht besser. Möglicherweise gewöhnen Sie sich an diesen Zustand. Aber es entstehen andere Probleme. Gefühlstaubheit ist charakteristisch für Depressionen.

Es kann aber noch schlimmer kommen: Statt der Gefühlsabschaltung wird eine Kettenreaktion ausgelöst – negative Gefühle erzeugen neue negative Gefühle. Bis die Bombe platzt. Dann kann es schon einmal geschehen, dass man sich im Nachthemd auf Rollschuhen, mit einem Windrädchen auf dem Hut und einem irren Grinsen auf dem Gesicht aufmacht, die Welt vom Bösen zu befreien. Geht die Geschichte gut aus, so findet man sich, ohne weiteren Schaden angerichtet zu haben, in einer Gummizelle und einem mit verschiedenen Chemikalien angefüllten Körper wieder.

Das wollen wir doch lieber vermeiden. Also schreien Sie sich im Auto die angestauten, drückenden Gefühle aus dem Leib, und kümmern Sie sich nicht um die erstaunten Blicke anderer Verkehrsteilnehmer.

Spiel 58 Danke

Du sollst dankbar sein für das Geringste, und du wirst würdig sein, Größeres zu empfangen.

Thomas a Kempis

Kinder lernen, dass man »Danke« zu sagen hat, wenn Erwachsene ihnen tatsächliche oder vermeintliche Wohltaten angedeihen lassen. Auch für die Schokolade mit den ekligen Rosinen.

Anfangs ist der Lernprozess noch zäh. Es scheint so einfach: Ist etwas angenehm, freut man sich, ist es enttäuschend, erschreckend, unangenehm oder langweilig, grämt man sich. Diese Gefühle kommen von selbst und sind im Einklang mit dem Selbst. Warum sollte ich mich bedanken, wenn doch die Freude in meinen Augen zu sehen ist? Warum sollte ich mich bedanken, wenn mein Missfallen offenbar ist?

Doch Gefühle dürfen nicht unzensiert gezeigt werden. Irgendwann lernen wir das Wort »Heuchelei«. Zuvor jedoch haben wir die Höflichkeit erlernt und merken gar nicht, dass die beiden nicht nur den Anfangsbuchstaben gemeinsam haben.

Für was sollen wir nicht alles dankbar sein! Sogar für das Leben, zu dem wir uns nicht freiwillig gemeldet haben, sollen wir Gott und unseren Eltern danken. Muss das wirklich sein? Nein. Aber es kann.

Spielregeln

Spielen Sie … nicht das Opfer, sondern den Menschen, der alle notwendigen Erfahrungen, Lehren, Möglichkeiten vom Leben bekommen hat. Beobachten Sie, wie sich Ihr Lebensgefühl verändert, wenn Sie für alles, was Ihnen widerfahren ist, dankbar sind. Für alles! Geht das?

Dauer: 7 Minuten *Schwierigkeitsgrad: III*

Dankbar für alles? Na, danke. Geht's noch? Für alle Schmerzen, alles Leidvolle, alle Langeweile auch noch dankbar sein? Dabei bin ich noch recht glimpflich davongekommen. Wie wäre es erst, wäre ich in einer Kriegsregion, während einer Hungersnot oder bei einer Naturkatastrophe groß geworden? Wenn meine Eltern gewalttätige Alkoholiker, Mörder oder geisteskrank gewesen wären? Wenn ich ohne Arme, Beine oder Humor auf die Welt gekommen wäre?

Doch auch so, wie es ist, scheint das Spiel so schwierig, dass es nur noch ein kleiner Schritt in den Abgrund der Unmöglichkeit ist. Alles in mir sträubt sich dagegen, für Leiden dankbar zu sein. Ich bin nicht einmal Masochist.

Und doch gibt es eine leise Stimme in mir, die mir kaum vernehmlich zuflüstert, dass in diesem Spiel mehr steckt, als ich jetzt sehe.

Was gäbe es denn für Möglichkeiten, dankbar für alles zu sein?

1. Man hat in seinem Leben immer unverschämtes Glück gehabt. Trifft das bei mir zu? Vielleicht – aber es fühlt sich nicht so an.
2. Es hätte viel schlimmer kommen können. Sicherlich. Aber es führt bestenfalls dazu, dass ich dankbar für Dinge bin, die *nicht* geschehen sind.
3. Anderen geht es viel schlechter. Zweifellos; es wäre unverschämt, das zu leugnen. Aber auch das bringt keine Dankbarkeit *für* etwas.

Meine innere Stimme schüttelt den Kopf. Die Argumente führen zu nichts. Ich bin offenbar auf der falschen Spur. Die innere Stimme beharrt darauf, dass ich weiter suchen soll.

Mit einem Mal blitzt es. Dann noch einmal, obwohl der Himmel blau ist. Die Blitze lassen zwei Gefühle aufleuchten, die sich im Schatten versteckt hielten: Natürlich kann ich nicht dankbar für Schlechtes sein! Und zwar genau so lange, wie ich meinem Bewusstsein die Kategorien gut/schlecht aufzwinge.

Ich spüre, ich *kann* dankbar sein. Dann, wenn ich vertraue: Gott, dem Universum, dem Dao. Und wenn ich mich selbst achte. Denn ich bin ich durch alles, was mir widerfahren ist, »Gutes« wie »Schlechtes«. Wenn mir etwas an mir liegt, muss ich dankbar für alles sein – denn ohne alles wäre ich nicht ich.

Ein Blitz dauert durchschnittlich 0,25 Sekunden. Viel Zeit ist das nicht. Doch das, was er beleuchtet, prägt sich dem Auge ein. Auch wenn es danach wieder ins Dunkel taucht, bleibt etwas von ihm zurück.

Dankbarkeit ist unabhängig von den Dingen. Sie ist Urvertrauen und Liebe.

Spiel 59 Der Schrotthändler

Ist denn nicht das Vergeben für ein gutes Herz ein Vergnügen?

Miss Sara Sampson III, 3
Gotthold Ephraim Lessing

Es war einmal ein Mann, der ging recht unbeschwert und fröhlich auf dem Weg, der ihn durch sein Leben führte. Eines Tages begegnete ihm ein wilder Kerl, der wie wild – was er ja war – mit Nägeln und Schrauben, Kochtöpfen und Bratpfannen um sich warf. Ein paar davon trafen den Wanderer. Ein Kochtopf fiel auf seine Zehen, ein Nagel durchbohrte sein Ohrläppchen, eine Schraube ging ins Auge und zu guter Letzt schlug ihm auch noch eine Bratpfanne auf den Kopf. Erst sah er Sterne, dann schwarz. Der wilde Kerl hatte ihm schlimme Schmerzen zugefügt. Das Auge tränte, der Kopf brummte, der Zeh schmerzte und das Ohrläppchen war durchlöchert.

Der Wanderer leerte seinen Rucksack, sammelte die alten und rostigen Nägel, Schrauben, Kochtöpfe und Bratpfannen und stopfte sie hinein. Der Sack war schwer. Mühsam richtete er sich auf. Aber er ging nicht mehr seinen Weg weiter, sondern trabte dem wilden Kerl hinterher. Der ließ sich davon nicht stören. Noch Jahre später konnte man im Land der wilden Kerle dann und wann einen traurigen und müden Wanderer sehen, der einem wilden Kerl folgte und einen großen Sack über der Schulter trug, in dem es rostig klapperte.

Spielregeln

Dieses Spiel folgt auf ein anderes, sehr langweiliges Spiel, das Sie vielleicht schon eine ganze Weile gespielt haben: jemandem, den dies weder stört noch interessiert, alten Schrott hinterherzutragen. Befreien Sie sich von altem Eisen, indem Sie aufhören, anderen etwas nachzutragen, und genießen Sie das Gefühl.

Dauer: 15 Minuten *Schwierigkeitsgrad: III*

Vielleicht bin ich einfach nur zu faul, um nachtragend zu sein. In diesem Fall bin ich allerdings außerordentlich dankbar für mein Gebrechen. Ich kenne Menschen, die jahrzehntelang ihren Groll mit sich herumtrugen und ihre Wut nicht einmal nach dem Tod des Urhebers ihrer Leiden loslassen konnten. Glücklich macht das gewiss nicht. Ist es nicht eher tragisch?

Um es noch einmal deutlich zu sagen: Aufhören, jemandem etwas nachzutragen, heißt nicht unbedingt vergeben – und nicht einmal vergeben heißt, das Geschehene als nebensächlich oder gar gerechtfertigt zu betrachten. Vergeben heißt, sich von einer Last zu befreien.

Vielleicht ist es aber leichter gesagt als getan. Die alten Gefühle neigen dazu, sich ungebeten zu melden, insbesondere dann, wenn sie zu fühlen und sie ins Bewusstsein zu rufen zur Gewohnheit geworden ist. Zu verstehen, dass das Nachtragen unsinnig ist, ist eine Sache. Wirklich loszulassen eine ganz andere. Dafür ist es unendlich viel wichtiger, die Unerträglichkeit des Nachtragens zu *fühlen*.

Wenn Sie die Altlasten abwerfen möchten, aber nicht wissen wie, könnten Sie es einmal mit einem kleinen Ritual versuchen.

Nehmen Sie ein Blatt Papier, und legen Sie sich einen Stift bereit. Sorgen Sie dafür, dass Sie nicht gestört werden.

Setzen Sie sich vor das leere Blatt und schließen Sie die Augen. Lassen Sie all das, was Sie belastet, in sich aufsteigen: die Wut, den Hass, die Verachtung, die Empörung. Wenn Sie die Gefühle spüren, öffnen Sie die Augen und schreiben Sie alles auf, was Sie fühlen, was Sie dem anderen vorwerfen, was er angerichtet hat. Bringen Sie Ihre Gefühle aufs Papier. Mit Worten, mit Zeichnungen, mit Farben – was immer Ihnen passend scheint. Sie können kreuz und quer schreiben, alles übereinander. Es sind Ihre Gefühle.

Wenn Sie alles auf das Papier übertragen haben, falten Sie das Blatt und stecken es in einen Umschlag. Gehen Sie an einen Ort, der eine ganz besondere Bedeutung für Sie hat. Verbrennen Sie dort den Umschlag, und geben Sie sich ganz dem Gefühl hin, nun endlich das losgeworden zu sein, was Sie so lange gequält hat.

Jetzt sind Sie frei.

Spiel 60 Augendiät

> Es ist bekannt, dass das Fernsehen das Heim zum Vorführungsraum, die Familie zum Publikum und die abendliche Aussprache der Ehegatten zur Farce macht. Es wird den Leuten vermutlich gar nicht so viel Kultur vermitteln können, wie es gleichzeitig vernichtet.
>
> *Sigmund Graff*

Manche Menschen sind kurzsichtig, andere weitsichtig – doch die meisten sind, auch wenn sie normalsichtig sind, fernsichtig. Nun kann es erhebend, erhellend, Sehnsucht weckend, heilsam sein, in die Ferne zu sehen. Doch tagtäglich viele Stunden mit Hilfe eines elektronikgefüllten Kästchens fiktive Fernen anzustarren, ähnelt weit eher einer lästigen Krankheit als einem Heilmittel.

Das Fernsehen nimmt einen erschreckend wichtigen Platz im Leben erschreckend vieler Menschen ein. Sie lernen dort, wie die Welt zu sehen ist, was sie denken, fühlen, tun und vor allem kaufen sollen. Ihr Geist wird mit bizarren Vorlieben und Vorstellungen bedauernswerter Mitmenschen gefüllt und bildet sich mittels dieser Bilder ein Bild vom Menschen und der Menschheit. Je nach Vorliebe lassen sie sich von Menschen, die sich als Mörder und Polizisten, Richter oder Rächer, Cowboys oder amerikanische Ureinwohner geben, von Politikern oder Intellektuellen, von Volksmusikanten, Tatsachenverkündern oder Fußballern dazu verleiten, einen Teil ihres Lebens damit zu verbringen, durch ein kleines künstliches Fenster in eine kleine künstliche Ferne zu starren.

Wenn Sie spüren, dass dieses Leiden bei Ihnen überhand nimmt, empfehle ich eine Augendiät.

Spielregeln

Spielen Sie mit alten Gewohnheiten. Erst einmal nur mit einer einzigen: Sehen Sie, was Sie sehen, wenn Sie nicht fernsehen. Verbannen Sie das Gerät eine Woche lang in den Keller. Und sehen Sie eine Woche lang nicht im Keller fern. Sehr leicht oder sehr schwer?
Dauer: 1 Woche   Schwierigkeitsgrad: ?

»TV is' 'ne Droge, TV macht süchtig!«, sang Nina Hagen schon vor 20 Jahren. Wie andere Drogen, so nimmt man auch diese in der Regel, um das Leiden Langeweile zu heilen. Nun ist Fernsehen aber gerade die Krankheit, deren Heilmittel sie zu sein vorgibt. Und wie andere Drogen hat auch diese einige unangenehme Nebenwirkungen.

Gewalt. Man sollte meinen, dass die Gewaltflut abschreckend wirkt. Das Gegenteil ist der Fall: Fernsehgewalt, ob in realistischen Kriegsberichterstattungen oder fiktiven Szenarien, vermittelt den Eindruck, dass Gewalt gerechtfertigt oder zumindest ein normaler Teil des Lebens sei. Heranwachsende lernen, dass Gewalt in bestimmten Situationen – um Vaterland, Ehre oder Besitz zu schützen – ein angemessenes Mittel ist. Wie sollte ein Kind verstehen, dass es gerechtfertigt ist, Menschen für das Recht, alle Jahre wieder Kreuzchen auf Wahlzetteln machen zu dürfen, für die Freiheit derjenigen, die sie sich leisten können, und für mineralisches Öl in die Luft zu sprengen, es jedoch völlig falsch ist, unliebsamen Mitschülern die Zähne auszuschlagen? Im Gegensatz zu einem weit verbreiteten Vorurteil sind auch keineswegs extrem blutrünstige »Splattermovies« besonders Gewalt auslösend – in diesen Filmen wird die Realität des gewaltsamen Todes, der Schmerzen und der Widerlichkeit offensichtlich. In einem »familienfreundlichen« Western hingegen schlagen sich erwachsene Männer mit aller Kraft ins Gesicht und schütteln sich im nächsten Augenblick als Freunde die Hand, ohne irgendwelche Schäden davongetragen zu haben – die jungen Zuschauer erfahren, dass ein Schlag ins Gesicht keine Folgen hat. Weder gesundheitliche noch rechtliche noch moralische.

Vorurteile. Je mehr jemand fernsieht, desto mehr wird die Scheinwelt zu seiner Realität. So sind zwar 13 Prozent aller Amerikaner afrikanischer Abstammung – doch stellen sie den höchsten Prozentsatz der Schurken und den geringsten der Helden im Film. Die Scheinwelt verzerrt die Realität.

Ängste. Es gibt in Deutschland an einem Tag mehr Mord und Verbrechen im Fernsehen als in der Realität in einem Jahr. Erscheint die Scheinwelt als Realität, scheint es ganz natürlich, dass große Ängste entstehen. Das hat weitere Konsequenzen: den Ruf nach härteren Strafen und mehr Überwachung – Maßnahmen, die erwiesenermaßen nichts bringen, außer einem Polizeistaat.

Desinformation. Manche Menschen wollen sich im Fernsehen nur informieren. Doch wie könnten wir die Flut an Neuigkeiten fassen? So wird für uns gefiltert: Wir erfahren etwas über Prinzessinnenhochzeiten, das Liebesleben von Schlagersängern, die Untaten eines Diktators, während die seiner noch übleren Kollegen unter den Tisch fallen, über die Leistung und die Befindlichkeit von Fußballern… Wie würden die Nachrichten wohl aussehen, wenn immer die wichtigsten Ereignisse Priorität hätten?

Eine Woche Augendiät – und Sie sehen mehr von der Welt, als wenn Sie in noch so weite Fernen durch ein kleines virtuelles Fenster starren.

Spiel 61

Doppelmensch

Sobald wir einen Menschen erblicken, so ist es allerdings dem Gesetz unseres Denkens und Empfindens gemäß, dass uns die nächstähnliche Figur, die wir gekannt haben, sogleich in den Sinn kommt und gemeiniglich auch unser Urteil sogleich bestimmt. Wir urteilen stündlich aus dem Gesicht und irren stündlich.

Über Physiognomik
Georg Christoph Lichtenberg

Ein großer Teil meiner Bücher entsteht im Kaffeehaus. Die Ablenkung durch das stete Kommen und Gehen, durch die Gespräche und das Klappern von Geschirr ist willkommen und anregend. Es ist wie eine Bühne, auf der ein immer wieder interessantes Improvisationstheater geboten wird. Was die Akteure sprechen, kann ich nur selten hören – und die meisten haben ohnehin keine Sprechrollen.

Aber jeder Einzelne spielt seine einmalige Rolle. Welche Rolle er tatsächlich spielt, kann ich nicht wissen. Und doch eröffnet sich, wenn ich einen Menschen im Café beobachte, eine ganze Lebensgeschichte. Freilich eine vollkommen imaginäre, denn selbstverständlich ist mir klar, dass ich nur vermute, rate, fantasiere – alles, was ich sehe, ist das Äußere. Es mag sein, dass das Äußere zum Teil das Innere widerspiegelt; doch kann ich diesen Spiegel lesen? Wahrscheinlich bleibt das Wesentliche verborgen.

Manche Vorstellungen scheinen so glaubwürdig, dass ich Gefahr laufe, meine Fantasien für die Realität zu halten. Gewiss bin ich da nicht der Einzige. Ganze Theoriegebäude ruhen auf diesem Phänomen.

Um den Vorurteilen nicht zu viel Macht zu geben, kann man ein Spiel spielen.

Spielregeln

Bei diesem Spiel können Sie nebenher ganz zwanglos einen Cappuccino genießen. Beobachten Sie in einem Café einen Menschen, und stellen sich vor, wie er lebt und was er ist. Dann stellen Sie sich vor, dass er ganz anders ist. Wie verändert sich Ihre Wahrnehmung dabei?

Dauer: 20 Minuten   *Schwierigkeitsgrad: II*

Der Mann in dem etwas abgewetzten Anzug könnte Lehrer sein. Möglicherweise an dem Gymnasium um die Ecke. Er wirkt etwas verbittert. Er hat noch mindestens zehn Jahre bis zur Pensionierung, und er hat eigentlich schon genug. Gerade hat er Freistunde. Wann immer er kann, entflieht er der Schule. Deshalb sitzt er auch nicht im Lehrerzimmer, sondern trinkt seinen Kaffee lieber außerhalb. Wahrscheinlich ist er verheiratet, hat aber keine Kinder. Oder sie sind schon lange aus dem Haus. Jedenfalls fühlt er sich in der heutigen Welt nicht ganz zu Hause. Die Veränderungen in der Schule in den letzten Jahrzehnten sind zu schnell gegangen. Er weiß nicht, wie er mit seinen Schülern umgehen soll. Als junger Lehrer war er voller Ideen, wie er es besser machen würde als seine Lehrer. Aber ob ihm das gelungen ist? Er unterrichtet Deutsch und Erdkunde. Fremde Länder haben ihn immer schon fasziniert, und er hat mit seiner Frau, die ebenfalls Lehrerin ist, auf Studienreisen viele Orte der Weltgeschichte gesehen. Und er hat auch immer schon gern gelesen. Wie kann es nur sein, dass die Schüler so desinteressiert sind? Er hat resigniert.

oder

Der Mann mit dem etwas verschlissenen Anzug ist Privatdetektiv. Es ist ihm gut gelungen, sich unauffällig zu geben. Tatsächlich habe ich ihn mir gerade deshalb ausgesucht – weil er so durchschnittlich wirkt. Er sieht etwas unglücklich aus. Ich habe den Eindruck, er hat Magenprobleme. Wen mag er wohl observieren? Möglicherweise das Pärchen zwei Tische weiter. Die Frau ist wesentlich jünger; vielleicht ist sie die Geliebte des Mannes – der Detektiv beobachtet die beiden im Auftrag der Ehefrau. Er macht das gut. Er wirft nur dann und wann einen Blick in ihre Richtung. Vielleicht sollte ich ihn nicht so genau ansehen; als Profi wird ihm das sicherlich auffallen.

Beides könnte sein. Und noch tausend anderes mehr. Dennoch neigen wir dazu, uns auf erste Eindrücke zu verlassen, die dann unsere weitere Wahrnehmung in Formen pressen, die oft unpassend sind. Wenn es uns nicht gelingt, uns keine Vorstellung von einem Menschen zu machen, sollten wir uns mindestens zwei machen – dann lösen sich die festen Formen, und wir sind eher in der Lage offen für Neues zu sein.

In der Regel erfahren wir bei diesem Spiel nicht, wie der Mensch »wirklich« ist. Dem Mann aus dem Café begegnete ich jedoch schon am nächsten Tag wieder. Er war Verkäufer in der Computerabteilung im Kaufhaus.

Spiel 62 Handlich

Aufmerksamkeit, mein Sohn, ist, was ich dir empfehle;
bei dem, wobei du bist, zu sein mit ganzer Seele.

Die Weisheit des Brahmanen 4, 37
Friedrich Rückert

Laut Douglas Adams' »Hitchhiker's Guide to the Galaxy« existieren auf dem Planeten Erde genau zwei intelligente Lebensformen: die Delfine und die weißen Mäuse.

In der Regel sehen wir das anders. Zumindest wollen wir uns – trotz einiger widersprüchlicher Befunde – zu den intelligenten Lebensformen zählen. Erstaunlicherweise messen wir das an unseren Taten. Tatsächlich haben nur wenige Lebewesen die Erde so stark verändert wie wir Menschen. Nur Bäume können da noch mithalten. Nun ist es aber noch keine Intelligenzleistung, die Erde zu verändern. Einem Asteroiden, einem Felsbrocken mit einem IQ deutlich unterhalb der Genieschwelle gelingt das ohne weiteres.

Was den Menschen (von zahlreichen Ausnahmen abgesehen) auszeichnet, ist seine Lernfähigkeit und seine handwerkliche Geschicklichkeit. Die menschliche Hand ist eines der erstaunlichsten Organe unserer Spezies. Selbstverständlich sind auch Menschen ohne Hände Menschen, aber wäre der Mensch zum Menschen geworden, wenn ihm nicht so erstaunliche Hände gegeben wären?

Mögen uns Delfine und Mäuse auch an Intelligenz übertreffen – es wird ihnen nie gelingen, eine Uhr zusammenzuschrauben.

Spielregeln

Sehen Sie sich an. Nicht in einem Spiegel aus Glas. Spielen Sie »in den Spiegel sehen« – Ihre Hand ist ein Spiegel. Sie hat Sie Ihr ganzes Leben lang begleitet und vieles mit Ihnen erlebt. Ist sie vielleicht ein Spiegel Ihres Lebens? Halten Sie Ihre Hand vor Ihr Gesicht und betrachten Sie sie eingehend.

Dauer: 5 Minuten *Schwierigkeitsgrad: II*

Chiromantie ist die uralte Kunst des Handlesens. Selbst Platon und Aristoteles erkannten diese Kunst an. Der Kundige kann Vergangenheit und Zukunft, Charakter und Intelligenz, selbst die Lebenserwartung an den Furchen und Erhebungen der Handfläche ablesen.

Das kann in der Tat sehr verblüffend sein. Vor vielen Jahren, ich studierte gerade Psychologie in Kanada, begegnete mir auf einer Party ein indischer Gentleman, der mir als prominentester Hellseher und Chiromant Torontos vorgestellt wurde. Er erbot sich, mir meine Zukunft zu offenbaren. Obwohl ich eigentlich Überraschungen liebe, bin ich doch auch sehr neugierig. Also bot ich dem Weisen meine Hand dar und ließ ihn lesen.

Seine Stirn legte sich in Falten. Mit feinen Fingern drehte er meine Hand, strich ihre Linien nach und führt sie dicht vor seine Augen. Nichts konnte seinem wissenden Auge entgehen.

»Ein langes Leben«, begann er und wies mich auf die ungewöhnliche Länge der Linie hin, die den Daumen vom Rest der Hand abgrenzt. Das freute mich. Nicht so sehr meinetwegen, sondern wegen meines Vaters, dessen »Lebenslinie«, wie ich wusste, sogar noch länger war als die meine. Die nächste gute Nachricht war, dass ich, dank meines Fleißes und eines angeborenen Hanges zum Perfektionismus, unzweifelhaft eine akademische Karriere machen würde. Überdies würde ich zweimal heiraten und mit jeder der Damen ein Kind haben. Verblüfft dankte ich dem Seher für diese Einblicke.

Nun gut, Fleiß und Perfektionismus mochten in mir schlummern – dass sie bis zum heutigen Tage nicht erwachten und mir damit auch eine Universitätslaufbahn versagt blieb, war nicht die Schuld des Chiromanten. Auch dass mein Vater früh starb und sich weder heiratswillige Damen noch Nachwuchs einstellten, besagt nicht viel – zumindest Frauen und Kinder könnten ja noch kommen.

Und doch war die Leistung des indischen Herren verblüffend. Wie schwierig ist es, eine Reihe von Vorhersagen zu machen, von denen nicht eine einzige eintrifft!

Vielleicht ist die Hand in einer komplizierten Schrift geschrieben. Vielleicht ist es aber auch so, dass sich die Bedeutungen der Linien Ihrer Hand nur Ihrem Blick erschließen. Ihre Hand ist ebenso wenig wie Sie selbst eine einfache Schablone, auf der Vergangenheit und Zukunft tabellarisch abzulesen sind. Und doch können Sie in Ihre Hand wie in einen Spiegel sehen und sich selbst dabei finden. Sie müssen nur genau hinsehen.

Spiel 63 Lächerlich

Die Lehre der Stoiker, dass wir unseren Bedürfnissen durch Ausrottung unserer Begierden abhelfen sollen, kommt mir ebenso vor, als wenn wir uns die Füße abschneiden sollten, damit wir keine Schuhe brauchen.

Aphorismen 35
Jonathan Swift

Ob etwas lächerlich ist, hängt weniger von der betrachteten Sache ab als vom Betrachter. Lächerlichkeit ist keine Eigenschaft, sondern ein Standpunkt.

Für Krawattenhersteller, deren Angestellte und Krawattenträger ist ein solches Utensil vermutlich eine ernsthafte Angelegenheit. Krawattenabstinenzlern hingegen erscheint es möglicherweise eher lächerlich, sich einen Strick um den Hals zu legen, bevor man des Lebens müde ist.

Für Millionen von Menschen, insbesondere solchen mosaischen Glaubens, war ein irrsinniger Diktator tödlicher Ernst. Charles Chaplin hingegen zeigte einen Standpunkt, von dem aus jener Massenmörder eine überaus lächerliche Figur abgab.

Eigentlich alles, was ernsthaft und wichtig ist, hat auch eine lächerliche Seite. Vieles davon ist einigermaßen offensichtlich lächerlich: Koffeinbrause mit chemischem Kirscharoma, massive Goldhüte, EU-Richtlinien zur Bananengröße, die Fahrpläne der Bahn, Bundestagsdebatten, die Befürchtung, dass bei einer Sonnenfinsternis die Welt untergeht oder der Beruf des Schriftstellers.

Alles ist ernst aus einem Blickwinkel und lächerlich aus einem anderen. Wählen wir zur Abwechslung doch einmal den anderen.

Spielregeln

Spielen Sie den Weisen. Treten Sie ein Stück von Ihrem Selbst zurück und sehen Sie sich die Begierden an, die Ihr Leben bestimmen. Bilder, die vor Ihrem inneren Auge auftauchen, können Sie bunter und komischer gestalten. Lachen Sie Ihre Begierden aus. Fühlen Sie das damit verbundene Gefühl der Freiheit?

Dauer: 5 Minuten *Schwierigkeitsgrad: III*

Das Leben ist von Begierden bestimmt. Selbst Weise und Heilige begehren Luft, Wasser und dann und wann ein Schälchen Reis. Bei uns noch nicht so Weisen und Heiligen sind es mehr Begierden. Wesentlich mehr. Manche davon scheinen uns notwendig, selbstverständlich. Mit einigen Begierden identifizieren wir uns sogar.

Begierden scheinen zum Leben zu gehören. Und das Leben ist doch eine äußerst ernste Angelegenheit – und gar nicht zum Lachen! Indes mag ich nicht recht daran glauben, dass es von großem Nutzen ist, ernsthafte Dinge ausschließlich mit großem Ernst, gefalteter Stirn und unfroher Gestimmtheit zu betrachten. Vielmehr habe ich den Verdacht, dass uns etwas Entscheidendes entgeht, wenn wir nicht auch die komische Seite ernsthafter Dinge (oder des Ernstes an sich) sehen können.

Freilich kann ich mir gut vorstellen, dass Sie das nicht für alle ernsthaften Angelegenheiten so sehen können. Wenn Schmerzen, Wut oder Entsetzen so dicht vor unseren Augen stehen, wird alles andere unsichtbar oder schrumpft auf mikroskopische Größe zusammen.

Doch unsere Begierden sollten nicht zu den schmerzlichen, Wut oder Entsetzen erregenden Dingen gehören. Oft scheinen sie, ganz im Gegenteil, Lust und Freuden zu versprechen.

Wenn wir nur genau hinsehen, erkennen wir, dass die Begierden nicht halten, was sie versprechen. Unsere Sehnsüchte werden von ihnen nicht erfüllt. Sie werden stärker, je mehr wir begehren. Auch die Begierden vermehren sich – jede Begierde hat eine zahlreiche Nachkommenschaft.

Lachen wir über sie! Dann werden wir ein wenig freier und können feststellen, dass wir damit bereits unseren tiefsten Bedürfnissen viel näher gekommen sind, als wenn wir dem Diktat unserer Begierden folgten.

Wenn wir unsere Begierden auslachen, dann nie verächtlich oder boshaft. Das Lachen ist voll Heiterkeit, wenn wir erkennen, welch seltsame Blüten sie treiben, was für merkwürdige Dinge sie die Menschen tun lassen – und dass ihre Versprechen immer, ohne Ausnahme, unerfüllt bleiben. Unsere Begierden sind uns so vertraut, doch wenn wir ihnen die Maske der Ernsthaftigkeit vom Gesicht reißen, blicken uns Clowns entgegen, die ihr Possenspiel mit der Menschheit treiben.

Schauen wir uns die Vorstellung der Clowns an, lachen wir über sie und vermeiden es, uns von ihnen in die Arena zerren zu lassen, um ihr Narrenspiel mitzumachen und selbst zu Narren zu werden.

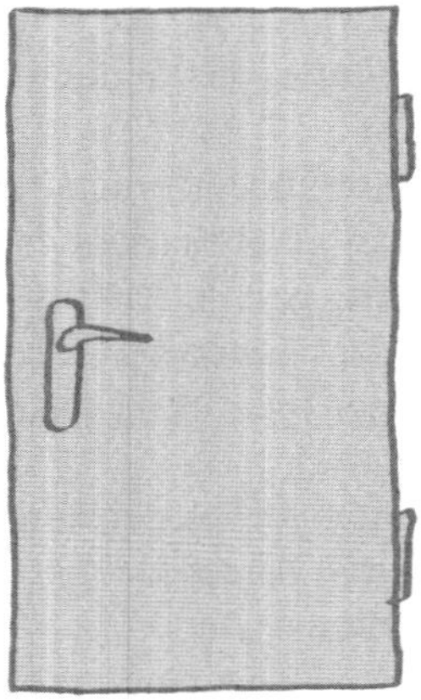

Ende oder Ewigkeit

Eine grenzenlose Fläche, glatt und glänzend, ohne Anfang, ohne Ende. Und doch nur wenige Quadratzentimeter groß. Darauf eine Linie, die nirgendwo beginnt und nirgends endet. Und doch nur wenige Zentimeter lang.

Das Unbegrenzte kann winzig klein sein, wie beispielsweise die Oberfläche einer Glasmurmel oder die Länge ihres Äquators. Sogar noch kleiner – beispielsweise die Oberfläche eines Neutrons. Auch sie ist unbegrenzt.

Anscheinend denken wir in der Regel nicht gerne in Kurven. Es sollte möglichst alles übersichtlich und ordentlich sein – und das heißt vor allem gerade. Solange wir aber »geradeaus« denken, heißt grenzenlos für uns unvorstellbar groß. Und das kommt uns sehr entgegen. Denn ein Ende denken wir nicht gern. Da stört es nicht so sehr, wenn das Unendliche unfassbar ist.

Immer, ewig, unendlich sind Worte für etwas, von dem uns jegliche Vorstellung fehlt. Aber existieren denn Dinge, die wir uns gar nicht vorstellen können? Und zwar prinzipiell, nicht nur, weil wir zufällig nicht daran denken? Wie könnten wir uns unvorstellbare Dinge vorstellen?

Weder einen Anfang noch ein Ende der Welt können wir fassen. Aber natürlich wollen wir es trotzdem versuchen. Markieren Sie alle Punkte einer Ebene, berechnen Sie alle Stellen von π, zählen Sie bis unendlich … nicht gerade leicht. Unendlichkeiten in einer Welt, in der alles endlich ist, sind sehr verwirrend.

Aber jetzt spielen wir – endlich – wieder.

Spiel 64 Der Anfang der Unendlichkeit

Der Dilettant nimmt das Dunkle für das Tiefe, das Wilde für das Kräftige, das Unbestimmte für das Unendliche, das Sinnlose für das Übersinnliche.

Über die notwendigen Grenzen beim Gebrauch schöner Formen
Friedrich von Schiller

Wir haben Wörter geschaffen, die Vorstellungen bezeichnen, die unvorstellbar sind. Eines dieser Wörter ist »nichts«. Ein anderes ist »unendlich«.

Ist das Weltall unendlich? Die Zahl der Punkte auf einer Ebene? Die Zahlen? Die Macht Gottes? Die Zeit?

Vielleicht können wir eine Weile so tun, als ob wir verstünden, was Unendlichkeit oder Ewigkeit bedeuten. Sobald wir jedoch den Blick auf unsere Vorstellungen vom Unendlichen werfen, wird uns schwindelig. Unser Blick findet keinen Halt, findet kein Ende und keinen Anfang. Ein leises Gefühl der Beunruhigung beschleicht uns.

Und doch ist darin auch etwas Beruhigendes: Die Vorstellung von einem möglichen Unendlichen macht es leichter, nicht vor der Endlichkeit zu erschrecken. Wenn es die Ewigkeit gibt, ist das Zeitliche kaum mehr als eine Illusion.

Ewig währt am längsten. Doch wo beginnt die Ewigkeit? Ab wann stellt es keinen Unterschied für unser Empfinden dar, ob etwas noch größer ist? Können wir unser Gefühl für Größe erweitern und die Ewigkeit etwas später beginnen lassen?

Spielregeln

Wagen Sie den fruchtlosen Versuch, sich der Unendlichkeit zu nähern, indem Sie sich – mit Hilfe von Visualisierungen – der Unvorstellbarkeit großer Zahlen oder Zeiträume gewahr werden und erkennen, dass auch das Unwahrscheinlichste wahrscheinlich wird, wenn man nur lange genug wartet.

Dauer: 15 Minuten   Schwierigkeitsgrad: IV

Die folgende kleine Geschichte ist ein Beispiel für die Art von Visualisierungen, die ich meine:

Irgendwo auf der Erde liegt eine kleine, unsichtbare Münze. Ein unsterblicher Wanderer zieht durch die Welt, ziellos, ohne zu suchen. Jedes Jahr nimmt er eine Münze, die genau dieselbe Größe hat wie die unsichtbare, aus seiner Tasche und wirft sie hoch. Alle 100 Jahre gelingt es ihm nicht, sie wieder aufzufangen, und sie fällt zu Boden. Irgendwann einmal wird sie dabei auf die unsichtbare Münze fallen. Und nach langer, langer Zeit werden die beiden Münzen genau aufeinander zu liegen kommen, sodass die unsichtbare Münze vollkommen von der gleich großen anderen bedeckt ist. Hört der Wanderer diesen Klang, macht er mit einer Nadel einen kleinen Kratzer auf einen Felsen. Wenn der Felsen durch die Nadelkratzer völlig abgetragen ist – dann ist eine Sekunde der Ewigkeit vergangen.

Wenn Sie sich in Geschichtchen wie dieses vertiefen, bekommen Sie schnell eine Vorstellung davon, dass Sie sich keine wirklich großen Zahlen, geschweige denn die Unendlichkeit, vorstellen können. Ein Gefühl für große Zahlen kann man aber entwickeln. Nomadenhirten können bei einer Herde von über 100 Tieren sofort erkennen, wenn eines fehlt. So wie es uns auffallen würde, wenn bei der Sechs eines Würfels ein Punkt fehlt. Wir haben einfach keine Übung mit großen Zahlen. Und große Zahlen spielen heute eine große Rolle: Von Millionendefiziten ist die Rede, die Weltbevölkerung hat die Sechs-Milliarden-Grenze überschritten, der nächste Stern ist vier Lichtjahre weit entfernt. Für die meisten Menschen wären diese Zahlenangaben unnötig. »Sehr viel«, »sehr groß« oder »sehr weit« würden es auch tun.

Wie bekommen wir eine Vorstellung von großen Zahlen? Einfach, indem wir sie mit Bildern verbinden, die uns etwas sagen. Im Folgenden finden Sie ein paar Beispiele – spielen Sie weiter, und entdecken Sie Ihre eigenen Bilder für große Zahlen.

1000	:	So viele 1-cm-Spielwürfel bilden einen 10-cm-Würfel.
		Auf dieser Seite stehen etwa 2000 Zeichen.
10 000	:	Buchstaben passen in dieser Schriftgröße auf fünf Seiten.
		Auf ein Fußballfeld passen etwa 35 000 Menschen.
100 000	:	Ungefähr so viele Wörter hat ein 300-Seiten-Roman.
		108 000 Einwohner hat das Südsee-Königreich Tonga.
1 000 000	:	So viele grobe Sandkörner passen in eine Literflasche.
		Die Wahrscheinlichkeit für sechs Richtige im Lotto: 1:13 983 816
100 000 000	:	So viele Sekunden haben 32 Jahre.
		So viele Menschen sprechen Deutsch.
1 000 000 000	:	So viele feine Sandkörner füllen eine Badewanne.
		Seit 1999 gibt es über sechs Milliarden Menschen.

Spiel 65 Gestern

Zu allem Handeln gehört Vergessen, wie zum Leben alles Organischen nicht nur Licht, sondern auch Dunkel gehört.

Unzeitgemäße Betrachtungen 2, 1
Friedrich Nietzsche

Wir leben nicht ganz und gar im Hier und Jetzt. Selbst das Gewahrsein eines vollkommen erleuchteten Mystikers, der mit seiner ganzen Seele erkannt hat, dass nur der gegenwärtige Moment real ist, dass nur dieser Augenblick zählt, ist eine Wolke in der Zeit. Unsere Vergangenheit ist die Wurzel, mit der wir uns an der Realität festhalten. Unsere Vergangenheit macht unsere Persönlichkeit aus.

Und doch: Selbst aus dieser Sicht stellt sich die Frage: »Wie wirklich ist die Vergangenheit?« Wir haben keine Zweifel daran, dass wir gestern existierten. Unser Gedächtnis hat die Vergangenheit anscheinend aufgezeichnet wie ein Videorekorder, nur ungenauer, dafür aber mit Gefühlen. Dies ist wohl die am weitesten verbreitete Vorstellung vom Gedächtnis.

In Wirklichkeit ist unsere Erinnerung alles andere als ein Abrufen von abgespeicherten Videobändern. Psychologen konnten zeigen, dass wir die Vergangenheit nicht aus unserem Gedächtnis abrufen – unser Gehirn rekonstruiert die Vergangenheit. Die Vergangenheit, an die wir uns erinnern, ist immer eine konstruierte, subjektive Vergangenheit. Lassen Sie uns doch einmal nachsehen, wie das Gedächtnis einen Tag konstruiert. Beispielsweise gestern.

Spielregeln

Spielen Sie Gedächtnisforscher. Erforschen Sie Ihre Vergangenheit – Ihre jüngste Vergangenheit. Versuchen Sie, sich an den vorausgegangenen Tag zu erinnern, an jede Einzelheit, vom Aufwachen bis zum Einschlafen. Viel Glück auf Ihrer Forschungsreise!

Dauer: 20 Minuten   Schwierigkeitsgrad: IV

Dass wir in unserem Geist Zeitreisen in die Vergangenheit machen können, ist ein großes Wunder. Doch über unser Gedächtnis wundern wir uns meist nur dann, wenn es versagt. Wir staunen nicht über das Wunder, weil es für uns so natürlich ist, vergangene Szenen zurückzuholen und noch einmal vor unserem inneren Auge abzuspielen. Aber wie tun wir das eigentlich? Die genaue Funktionsweise des Gedächtnisses ist immer noch weitgehend ein Geheimnis. Doch eines scheint inzwischen klar: Das Gehirn ist nicht einfach ein »biologischer Videorekorder«. Tatsächlich rufen wir Erinnerungen nicht einfach ab – unser Gehirn rekonstruiert die Vergangenheit.

Die amerikanische Psychologieprofessorin Elizabeth F. Loftus beschäftigt sich seit Jahrzehnten mit dem Gedächtnis. In einer ihrer Untersuchungen wurden jedem Teilnehmer (nachprüfbar nicht zutreffende) Ereignisse aus seiner Kindheit berichtet, beispielsweise, dass er im Alter von fünf Jahren in einem großen Kaufhaus verloren ging und erst nach Stunden von seiner Mutter wieder gefunden wurde. Dann wurde er gefragt, ob er sich noch daran erinnere und ob er sich noch der Begleitumstände entsinnen könne. Nur wenige Teilnehmer gaben an, sich zu erinnern. Klar – sie hatten es ja auch nicht erlebt. Nun wurde die Befragung jedoch mehrmals wiederholt. Und siehe da, plötzlich tauchten bei vielen Probanden nicht nur Erinnerungen an das berichtete Ereignis auf, sondern es konnten sogar zahlreiche Details geliefert werden! Eine Erinnerung war »implantiert« worden.

Es ist also möglich, sich mit absoluter Klarheit an Dinge zu erinnern, die niemals stattgefunden haben. Die Vergangenheit steht nicht so fest, wie es uns scheint. Unser Erinnern ist immer eine mehr oder weniger unvollkommene Konstruktion, eine Annäherung. Und der Vorgang der Rekonstruktion ist sehr anfällig für äußere Einflüsse. Schon die Art und Weise, wie wir nach der Vergangenheit fragen, formt unsere Erinnerungen.

Vielleicht klingt das erschreckend? Gewiss ist es ein Verlust an innerer Gewissheit. Wir wollen gerne autonom sein. In unser Inneres soll sich doch bitte niemand einmischen! Möglicherweise ist dieser Wunsch nach Autonomie nicht zu erfüllen. Der Mensch ist, Aristoteles erwähnte es schon, ein Gemeinschaftswesen. Selbst unser Gedächtnis ist auf andere Menschen angewiesen und kann uns anderen Menschen näher bringen. Eine Möglichkeit, die Vergangenheit zuverlässiger zu rekonstruieren, besteht nämlich darin, unsere Erinnerungen mit anderen Menschen zu teilen.

Und dieses Teilen von Erinnerungen – zumal angenehmen und am besten vor einem offenen Kamin oder am Lagerfeuer – kann ein sehr unterhaltsames Spiel sein.

Spiel 66

Vergänglich

Wir müssen nicht klagen, dass alles vergänglich sei.
Das Vergänglichste, wenn es uns wahrhaft berührt, weckt in uns ein Unvergängliches.

Tagebücher 1837
Friedrich Hebbel

Alles ist vergänglich. Alle Freuden, aber auch alles Leid nimmt irgendwann ein Ende. Nun ist das sicherlich keine Neuigkeit. Wir alle haben die Vergänglichkeit immer wieder erfahren – sei es in kleinen Dingen oder bei der Begegnung mit dem Tod.

Buddha erläuterte, dass nicht die Vergänglichkeit an sich unser eigentliches Problem sei. Sie ist ohnehin unvermeidlich. Was die Vergänglichkeit zur Ursache von Leid werden lässt, ist die Begierde, das, was unaufhaltsam ist, festhalten zu wollen. Richten wir unser Bewusstsein auf das Festhalten des Vergänglichen, folgen unausweichlich Enttäuschung und Leid.

Erstaunlicherweise bleibt diese doch recht offensichtliche Erkenntnis meist weitgehend folgenlos. Die meisten von uns leben, als lebten wir ewig. Wir hängen unser Herz an Dinge, von denen wir ganz genau wissen, dass wir sie wieder verlieren – spätestens mit unserem eigenen Vergehen.

Ein Trost bleibt: Die Welt besteht weiter, und so leben wir zumindest in unseren Werken, Taten, Freunden und Nachkommen weiter. Mit dieser schönen Illusion halten wir die Vergänglichkeit von unserem Bewusstsein fern.

Spielregeln

Ein Asteroid wird die Erde treffen. Astronomen haben den Himmelskörper schon eine Weile beobachtet und müssen der Menschheit mitteilen, dass er in sechs Monaten einschlagen wird. Er ist gewaltiger als der, der für das Ende der Dinosaurier verantwortlich war. Die Erde, wie wir sie kennen, wird ausgelöscht. Es gibt keine Möglichkeit, dem Desaster zu entkommen. Dieses Zeitreisespiel kommt Ihnen vielleicht etwas makaber vor. Vielleicht ist es Ihnen auch zu unangenehm – denken Sie daran, dass es nur ein Spiel ist, das Sie spielen dürfen, aber nicht müssen. Was geht in Ihnen vor?

Dauer: 10 Minuten *Schwierigkeitsgrad: III*

Ich möchte Sie nicht beunruhigen, doch von allen möglichen Szenarien des Endes der Menschheit ist dies eines der wahrscheinlichsten. Seuchen, Atomkriege, Klimakatastrophen, Bevölkerungsexplosion – das kann die Menschheit möglicherweise überleben. Doch der Aufprall eines größeren Objektes aus dem All bedeutet mit größter Wahrscheinlichkeit das Ende der Menschheit. Schon einige Male in der Erdgeschichte wurde der Großteil aller Lebewesen von so einem Ereignis ausgelöscht. Und es wird wieder geschehen.

Natürlich ist das Ende der Welt der Anfang einer neuen. Das wird die Dinosaurier nicht trösten, und auch wir können keinen großen Trost daraus ziehen. Aber vielleicht wäre gerade dieser Trost nicht der schlechteste.

Wäre die Menschheit mit ihrem baldigen Ende konfrontiert, könnten wir die eigentümlichsten Versuche beobachten, diesem Ende zu entgehen. In den 50er Jahren des letzten Jahrhunderts war die Menschheit von der atomaren Katastrophe bedroht. Um sich vor dem nuklearen Ende zu schützen, übten sich die Menschen darin, möglichst rasch unter Tische zu kriechen und sich eine Zeitung auf den Kopf zu legen. Als der Mond vor einigen Jahren einen schmalen Schattenstreifen auf Mitteleuropa warf, fürchteten viele Menschen das Weltende – und begaben sich in ihre Keller, wo sie Wasser und Lebensmittel für einige Wochen gehortet hatten. Das Weltende würde wohl vorübergehen.

Ich kann mir nicht helfen – ich vermute, dass es sinnvollere Möglichkeiten geben kann, dem Ende entgegenzusehen.

Man könnte: ein Apfelbäumchen pflanzen, noch nicht gekostete Genüsse genießen, seinen Freunden zeigen, wie sehr man sie liebt, beten oder meditieren.

Wahrscheinlich kommt es aber anders. Sicher werden viele beten oder meditieren, sich mit Feinden aussöhnen und mehr Zeit mit ihren Freunden und Liebsten verbringen; einige – vor allem Obstplantagenbesitzer – werden wohl auch Apfelbäumchen pflanzen. Ebenso viele werden jedoch in Panik geraten und die letzten Tage der Menschheit in Blut und Chaos tauchen.

Ich glaube nicht, dass der Mensch an sich böse ist. Nur unbedacht und voller Angst und gefangen in der Illusion, alles würde ewig dauern.

Spiel 67 Wurzeln schlagen

Die Bäume, die sich beugen, steh'n an ihren Zweigen unversehrt,
und die sich sträuben, kommen samt der Wurzel um.

Antigone 706
Sophokles

Endlich ist es wieder Frühling! Aus der kalten Erde heben sich Blumen und öffnen ihre Blüten wie lebende Edelsteine. Die Bäume hüllen sich in sattes Grün. Die Natur erwacht zum Leben.

So scheint es. Doch unterhalb des Offensichtlichen, unter der Oberfläche, in der Erde lebten die Blumen und Bäume schon lange vor dem Frühling. Sie werden im Frühling nicht wiedergeboren, sondern gehen nur außer Haus, flirten, geben sich der körperlichen Liebe hin und mehren sich. Ihre Wurzeln wachsen langsam und beständig, weitgehend unberührt vom Wechsel der Jahre.

Was sind unsere Wurzeln? Unsere Kultur, unsere Familie, unsere Biologie, unser Gott? Was bleibt uns, selbst im Veränderlichen? Unsere Wurzeln zu kennen: Ist das eine Bereicherung oder eine Last? Oder ist es sogar das einzig Wichtige?

Wie wäre es wohl, eine Orchidee, ein Gänseblümchen, ein Kaktus oder eine Eiche zu sein? Vielleicht kennen auch sie ihre Wurzeln nicht, die sie erst leben lassen. Das ist nicht leicht festzustellen, solange wir es nicht ausprobieren. Aber wie? Vielleicht würden wir gern mit einem Baum tauschen – aber er mit uns?

Spielregeln

Obgleich Sie dieses Spiel nahezu überall spielen können, ist es doch besser, wenn Sie sich einen ungestörten Platz suchen. Alles, was Sie tun, ist stehen. Mit geschlossenen Augen. Noch weitaus besser ist es, wenn Sie nur auf einem Bein stehen. Horchen Sie nach innen und nach außen. Finden Sie Ihr Gleichgewicht.

Dauer: 10 Minuten *Schwierigkeitsgrad: II*

Wo sollen wir unsere Wurzeln suchen?

Wenn wir im Biologischen suchen, könnten wir den ersten Keim unseres Seins, die befruchtete Eizelle, aus der wir uns entwickelten, als unsere Wurzel betrachten, die uns mit dem versorgte, was zum Leben notwendig ist.

Oder ist unser Magen unsere Wurzel, die uns mit der Welt verbindet? Das klingt vielleicht zynisch – aber ist es nicht tatsächlich so, dass unser Magen viele der Funktionen einer Wurzel hat?

Suchen wir eher im Geistigen, fallen uns möglicherweise zunächst unsere Eltern ein. Und deren Eltern und deren Eltern … Dieses sich verzweigende Geflecht unserer Ahnenreihe ähnelt sehr einer Wurzel.

Ebenso könnten wir unsere Wurzeln in unserer Kultur sehen.

Vielleicht wachsen unsere Wurzeln aber auch in einer ganz anderen Dimension und erstrecken sich in die Welt der Religion und der Spiritualität.

Es könnte aber auch gut sein, dass unsere Wurzeln sich in alle Richtungen ausdehnen, sehr tief und sehr weit reichen.

Das Spiel »Wurzeln schlagen« ähnelt einer bekannten Yoga-Asana, die – natürlich – *vrikshasana,* »Baumstellung« heißt.

Sie stehen mit leicht gebeugten Beinen und geschlossenen Augen. Atmen Sie ruhig und tief. Finden Sie Ihr Gleichgewicht. Wenn Sie ins Schwanken geraten, öffnen Sie kurz die Augen. Wenn Ihnen das Stehen leicht fällt, verlagern Sie Ihr Gewicht ganz auf ein Bein und führen die Hände zur Brust.

Diese Stellung ist von erstaunlicher Wirkung – sie zwingt den Geist zur Ruhe, denn ohne Ruhe des Geistes kann der Körper nicht im Gleichgewicht bleiben. Sie üben damit also nicht nur Ihr körperliches, sondern ebenso Ihr seelisches Gleichgewicht.

Aber dann beginnt erst das »Wurzelnschlagen«. Stellen Sie sich vor, wie Ihre Füße in der Erde wurzeln. Lassen Sie die Welt durch Ihr Herz ein, und folgen Sie dem Strom der Kraft durch Ihre Füße in die Erde. Folgen Sie den Wurzeln. Immer weiter breiten sie sich aus, berühren andere Lebewesen, andere Menschen, andere Zeiten, andere Dimensionen. Versuchen Sie zu spüren, wie von überall Lebenskraft durch Ihre Wurzeln zu Ihnen fließt. Spüren Sie die Verbindung mit allem durch Ihre Wurzeln.

Spiel 68 Erzählen

Dulde, gedulde dich fein!
Über ein Stündlein
ist deine Kammer voll Sonne.

Paul von Heyse

Unser Verstand ist rastlos. Bei monotonen, langweiligen Aufgaben neigt er dazu, uns Streiche zu spielen. Er versucht der Langeweile zu entkommen, indem er sich verstohlen anderen Dingen zuwendet oder aber, indem er sich schweigend in die weitläufigen Gemächer des Unterbewussten zurückzieht.

Monotonie kann also den Verstand zum Schweigen bringen. Doch wir sind stolz auf unseren Verstand – erhebt er uns nicht über alle anderen Lebewesen? Dann kann es nicht sonderlich wünschenswert scheinen, wenn uns diese köstliche Fähigkeit entflieht. »Ohne Sinn und Verstand« wird auch selten als Kompliment gebraucht. Vielleicht kommt es jedoch auf das »und« an … Ohne Verstand, aber mit Sinn – das könnte etwas anderes sein.

Und tatsächlich nutzen manche Mystiker die Monotonie ganz bewusst, um den Verstand still werden zu lassen. Beispielsweise durch Tanz, Musik oder Rezitationen. Schweigt der Verstand, tritt die Erfahrung der geistigen Ruhe an seinen Platz, die Kraft der Stille, die eine Vorraussetzung für die mystische Erfahrung oder die Erleuchtung ist.

Das hört sich schon besser an. Dann lassen Sie uns doch einmal eine Runde Monotonie spielen.

Spielregeln

Zählen Sie langsam und bewusst bis 1000. Einatmen – Eins – Ausatmen – Zwei – Einatmen – Drei – … – Ausatmen – Tausend. Wenn Ihre Gedanken zwischendurch abschweifen, was mit größter Wahrscheinlichkeit geschieht, und Sie vergessen zu zählen, machen Sie einfach mit der Zahl weiter, an die Sie sich noch erinnern. Um eine Andeutung der Wirkungen dieses Spiels zu bekommen, können Sie zunächst einmal die Light-Version spielen und nur bis 100 zählen …

Dauer: ca. 50 Minuten *Schwierigkeitsgrad: IV*

1 2 3 4 5 6 7 8 9 10 11 12 13 14 15 16 17 18 19 20 21 22 23 24 25 26 27 28 29 30 31 32 33 34 35 36 37 38 39 40
41 42 43 44 45 46 47 48 49 50 51 52 53 54 55 56 57 58 59 60 61 62 63 64 65 66 67 68 69 70 71 72 73 74 75 76 77
78 79 80 81 82 83 84 85 86 87 88 89 90 91 92 93 94 95 96 97 98 99 **100** 101 102 103 104 105 106 107 108 109
110 111 112 113 114 115 116 117 118 119 120 121 122 123 124 125 126 127 128 129 130 131 132 133 134 135
136 137 138 139 140 141 142 143 144 145 146 147 148 149 150 151 152 153 154 155 156 157 158 159 160 161
162 163 164 165 166 167 168 169 170 171 172 173 174 175 176 177 178 179 180 181 182 183 184 185 186 187
188 189 190 191 192 193 194 195 196 197 198 199 200 201 202 203 204 205 206 207 208 209 210 211 212 213
214 215 216 217 218 219 220 221 222 223 224 225 226 227 228 229 230 231 232 233 234 235 236 237 238 239
240 241 242 243 244 245 246 247 248 249 250 251 252 253 254 255 256 257 258 259 260 261 262 263 264 265
266 267 268 269 270 271 272 273 274 275 276 277 278 279 280 281 282 283 284 285 286 287 288 289 290 291
292 293 294 295 296 297 298 299 300 301 302 303 304 305 306 307 308 309 310 311 312 313 314 315 316 317
318 319 320 321 322 323 324 325 326 327 328 329 330 331 332 333 334 335 336 337 338 339 340 341 342 343
344 345 346 347 348 349 350 351 352 353 354 355 356 357 358 359 360 361 362 363 364 365 366 367 368 369
370 371 372 373 374 375 376 377 378 379 380 381 382 383 384 385 386 387 388 389 390 391 392 393 394 395
396 397 398 399 400 401 402 403 404 405 406 407 408 409 410 411 412 413 414 415 416 417 418 419 420 421
422 423 424 425 426 427 428 429 430 431 432 433 434 435 436 437 438 439 440 441 442 443 444 445 446 447
448 449 450 451 452 453 454 455 456 457 458 459 460 461 462 463 464 465 466 467 468 469 470 471 472 473
474 475 476 477 478 479 480 481 482 483 484 485 486 487 488 489 490 491 492 493 494 495 496 497 498 499
500 501 502 503 504 505 506 507 508 509 510 511 512 513 514 515 516 517 518 519 520 521 522 523 524 525
526 527 528 529 530 531 532 533 534 535 536 537 538 539 540 541 542 543 544 545 546 547 548 549 550 551
552 553 554 555 556 557 558 559 560 561 562 563 564 565 566 567 568 569 570 571 572 573 574 575 576 577
578 579 580 581 582 583 584 585 586 587 588 589 590 591 592 593 594 595 596 597 598 599 600 601 602 603
604 605 606 607 608 609 610 611 612 613 614 615 616 617 618 619 620 621 622 623 624 625 626 627 628 629
630 631 632 633 634 635 636 637 638 639 640 641 642 643 644 Quak 646 647 648 649 650 651 652 653 654
655 656 657 658 659 660 661 662 663 664 665 666 667 668 669 670 671 672 673 674 675 676 677 678 679 680
681 682 683 684 685 686 687 688 689 690 691 692 693 694 695 696 697 698 699 700 701 702 703 704 705 706
707 708 709 710 711 712 713 714 715 716 717 718 719 720 721 722 723 724 725 726 727 728 729 730 731 732
733 734 735 736 737 738 739 740 741 742 743 744 745 746 747 748 749 750 751 752 753 754 755 756 757 758
759 760 761 762 763 764 765 766 767 768 769 770 771 772 773 774 775 776 777 778 779 780 781 782 783 784
785 786 787 788 789 790 791 792 793 794 795 796 797 798 799 800 801 802 803 804 805 806 807 808 809 810
811 812 813 814 815 816 817 818 819 820 821 822 823 824 825 826 827 828 829 830 831 832 833 834 835 836
837 838 839 840 841 842 843 844 845 846 847 848 849 850 851 852 853 854 855 856 857 858 859 860 861 862
863 864 865 866 867 868 869 870 871 872 873 874 875 876 877 878 879 880 881 882 883 884 885 886 887 888
889 890 891 892 893 894 895 896 897 898 899 900 901 902 903 904 905 906 907 908 909 910 911 912 913 914
915 916 917 918 919 920 921 922 923 924 925 926 927 928 929 930 931 932 933 934 935 936 937 938 939 940
941 942 943 944 945 946 947 948 949 950 951 952 953 954 955 956 957 958 959 960 961 962 963 964 965 966
967 968 969 970 971 972 973 974 975 976 977 978 979 980 981 982 983 984 985 986 987 988 989 990 991 992
993 994 995 996 997 998 999 **1000!**

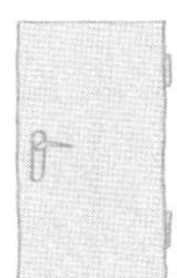

Spiel 69 Feuer und Flamme

Licht, wie es mit der Finsternis die Farbe wirkt, ist ein schönes Symbol der Seele, welche mit der Materie den Körper bildend belebt.

zu Riemer, 3. 12. 1808
Johann Wolfgang von Goethe

Als unsere Ahnen noch in den Bäumen lebten, hatten sie wenig Verwendung für das Feuer. Feuer war der Blitz, der vom Himmel fiel und Bäume samt Ahnen fällte. Als dann die Gehirne zu schwer wurden, um sie in die Baumwipfel zu tragen, zogen sie aus dem warmen Wald in kalte Höhlen und brieten Mammuts an Lagerfeuern. Feuer diente dem Menschen, um zähe Tierkadaver leckerer zu machen. Es diente als wärmende Ersatzsonne und als Waffe.

Doch Feuer war mehr als nur ein Diener und Werkzeug. Es war der erste Schritt bei dem Experiment des Menschen, sich die Natur untertan zu machen. Aber noch mehr als das. Jedes Feuer hat ein eigenes Leben, geheimnisvoll und faszinierend. Die Flammen scheinen Zeichen einer fremden, vielleicht göttlichen Lebensform zu sein. Feuer wurde heilig.

Die Flamme wird aus einem Funken geboren. Sie wächst, indem sie sich ernährt – zunächst muss sie noch gefüttert werden, doch wenn sie groß genug ist, sucht sie sich ihren Lebensunterhalt selbst. Sie will wachsen und sich vermehren. Irgendwann stirbt sie.

Wie ähnlich ist diese elementare Intelligenz dem menschlichen Leben! Vielleicht sollten wir sie näher kennen lernen.

Spielregeln

Zünden Sie eine Kerze an, und betrachten Sie die Flamme. Vertiefen Sie sich in das Spiel der Farben. Hören Sie auf nachzudenken – beschränken Sie sich darauf, zu schauen und zu staunen. Spüren Sie der seltsamen Attraktion des Feuers nach. Welche Gefühle tauchen unerwartet auf?

Dauer: 8 Minuten   *Schwierigkeitsgrad: II*

Die Zeugung findet statt, wenn sich das Männliche und das Weibliche zu einem neuen Ganzen vereinigen. Wachs und Docht werden zum Keim einer Kerze. Eine Form entsteht – die Kerze wird geboren. Alles ist eigentlich schon vorhanden. Jetzt wird die Kerze weiter geformt und erzogen, damit sie Gefallen bei den Menschen finden möge. Eines Tages bringt der Funke der Erkenntnis die gereifte Kerze zum Brennen. Sie beginnt zu altern, wird weicher und ätherischer. Eines Tages stirbt sie. Vielleicht wird sie plötzlich ausgelöscht, vielleicht ist der Geist der Kerze, der Docht, erschöpft oder aber das Wachs, der Leib. Dann erlischt sie langsam. Manchmal flackert sie vor dem Verlöschen noch kurz auf.

Vielleicht wird die Kerze neu angezündet, vielleicht wird aus dem restlichen Wachs eine neue Kerze geformt. Immer aber bleibt sie als das Licht und die Wärme, die sie ausstrahlte. Die Lichtteilchen entfernen sich in die Unendlichkeit.

Wer hätte gedacht, dass wir Kerzen so ähnlich sind. Natürlich ist es nur eine Metapher. Doch manchmal erkennen wir im Bild mehr als im Spiegel.

Die kleine Kerzenflamme im dunklen Zimmer zieht den Blick in sich hinein. Die Welt jenseits der Flamme erlischt. Das Universum ist nur noch die Flamme. Sie bewegt sich, verändert sich, ist zu keiner Sekunde die gleiche und doch immer dieselbe. Die Bewegung zwingt die Aufmerksamkeit auf sich. Es bedarf kaum einer Anstrengung, sich auf das flackernde Licht zu konzentrieren. Das Flackern ist gerade genug, um das Gehirn so weit zu beschäftigen, dass das Kreisen der Gedanken zur Ruhe kommen kann. Und je mehr innen Ruhe einkehrt, desto mehr Bedeutung gewinnt das Licht.

In der Flamme scheinen Bilder, Gesichter und Formen aufzutauchen. Sogleich sind sie wieder verschwunden, doch sie hinterlassen das Gefühl, sie wollten uns etwas mitteilen – wir müssen nur genau Acht geben. Die geheimnisvollen Botschaften der Flamme ziehen uns tiefer in den Bann. Der Bann wird durch Nachdenken sofort gebrochen. Wenn wir jedoch genügend fasziniert sind, denken wir gar nicht daran, nachzudenken. Unsere gesamte Aufmerksamkeit ist bei der Flamme, ihren Bewegungen und ihren Geheimnissen.

Je länger wir in die Flamme blicken, desto mehr Leben gewinnt sie. Genauso wie auch wir, die wir sie betrachten.

Spiel 70 Die Stimme des Wassers

Höchste Güte gleicht dem Wasser:
Es nützt allen Wesen und kämpft mit keinem.
Es füllt die verachteten Niederungen
und gleicht so dem Dao.

Daodejing, 8
Laozi

Die alten Griechen und Chinesen benötigten kein Periodensystem für ihre Elemente. Es gab ja auch nur vier (oder fünf). Diese Elemente waren allerdings auch keine chemischen Grundstoffe, sondern Prinzipien, die sich in allem wiederfinden.

Das Feuer ist das Prinzip der Energie, die die Dinge in Bewegung bringt. Luft steht für Beweglichkeit und Durchdringung. Erde ist das feste Prinzip; das, was den Dingen Substanz und Beständigkeit verleiht. Wasser symbolisiert Anpassungsfähigkeit und Veränderung.

Wasser ist dabei die Kraft, die die größte Faszination ausgeübt hat. »Das Prinzip aller Dinge ist das Wasser. Aus Wasser ist alles, und ins Wasser kehrt alles zurück«, meinte Thales. Für die Daoisten war Wasser der Inbegriff ihrer Philosophie des *wu-wei*, des Fließens mit der Natur. »Nichts auf der Welt gleicht dem Wasser in Nachgiebigkeit und Weichheit. Und doch vermag nichts so wie das Wasser das Harte und Starre zu bezwingen«, heißt es im Daodejing.

Das mächtige Brausen des Meeres, die bedächtige Stille des Sees, das geheimnisvolle Raunen des Stromes, das heitere Lachen des Baches: Was wollen sie uns sagen?

Spielregeln

Setzen Sie sich an einen Bach oder einen Fluss, und sehen Sie der Bewegung des Wassers zu. Hören Sie auf die Stimme des Flusses. Können Sie sie hören? Verstehen Sie die Bedeutung? Erkennen Sie Muster im Wasser? Erkennen Sie, wie der gleiche Fluss immer ein anderer ist?
Dauer: 30 Minuten *Schwierigkeitsgrad: II*

In seiner indischen Dichtung »Siddharta« erzählt Hermann Hesse, wie der Suchende nach vielen Jahren als Asket, als Kaufmann, als Spieler und schließlich als Fährmannsgehilfe Erleuchtung findet, als er der Stimme des großen Flusses lauscht. Zuerst hört er den Fluss lachen. Lachen über die Komödie des Lebens. Das sinnlose Treiben aller Lebewesen, die Gefangenheit in der Illusion der Welt, die Absurdität des ganzen Seins. »Du wirst mehr hören«, spricht sein Lehrer Vasudeva.

Er hört das Klagen des Flusses. Sein Leben zieht im Fluss an ihm vorbei. Die Trauer seines Vaters, den er verließ, seine eigene Trauer, als er wiederum von seinem Sohn verlassen wurde. »Höre besser!«, sagt Vasudeva.

Die Stimme des Flusses ist voll Sehnsucht. In ihm ziehen die Bilder und Stimmen aller Menschen, denen er begegnet ist, vorüber. Viele tausend Stimmen – suchend, leidvoll, freudig, gut, böse, lachend, klagend, liebend, hassend.

Indem Siddharta so lauscht, werden die vielen Stimmen zu einer einzigen. Er erkennt, dass alles zusammen, Gutes wie Böses, Leid wie Lust, Liebe wie Hass, Sehnsucht wie Erfüllung die Stimme der Welt, die Musik des Lebens ist. Als seine Seele sich nicht mehr auf einzelne Stimmen richtet, wird die eine Stimme vernehmlich. Das große Lied besteht nur aus einem einzigen Wort: OM.

Die Welt spricht zu uns und teilt mit uns ihre Weisheit. Alles, was wir tun müssen, ist uns ihr zu öffnen und sie in uns einzulassen.

Doch eben das wird uns schwer, denn unser Geist ist von vielen Stimmen erfüllt, die uns verwirren. Die Stimmen innerer Persönlichkeiten, die uns hierhin und dorthin ziehen. Die Stimmen unserer Erinnerungen. Die Stimmen unserer Ängste, Sorgen, Begierden, Hoffnungen, Meinungen und Ansichten. Stimmen aus der Welt außerhalb unserer selbst.

Siddharta hört alle diese Stimmen im Fluss. Doch sie alle sind nur Teile der hindurchklingenden großen Stimme, in der Ängste, Freuden, Leiden und Befreiung vom Leiden eins sind. Alles im Universum spricht OM. Doch die Stimme des Wassers spricht am deutlichsten.

Öffnen Sie Ihr Herz. Öffnen Sie Ihre Ohren. Hören Sie, was die Stimme des Universums Ihnen im Raunen des Wassers sagen will.

Das Universum und der Rest

Alles ist ziemlich viel. Nehmen Sie das Universum und ziehen Sie alles davon ab. Was bleibt: nur Sie – und das zweite Universum in Ihrem Kopf, das Sie vom anderen nicht unterscheiden können. Der einzige Unterschied besteht darin, dass Sie von ihm nicht mehr alles abziehen können. Möglicherweise würden Sie das aber gar nicht bemerken.

Ein ganzes Universum passt in unseren Verstand. Paradoxerweise finden jedoch einige seiner Teile keinen Platz. Die ganz kleinen und die ganz großen Dinge nämlich. Sowohl die subatomare Welt wie auch den Kosmos können wir bestenfalls symbolisch fassen.

Wir sind Wesen der mittleren Welt. Doch ab und zu, wenn wir wissen wie und wo, können wir einen Blick in andere Welten erhaschen. Wir spüren dann ein Staunen und ein wenig Verwirrung. Das Sichtbare verliert seine Selbstverständlichkeit und wird zum Rätsel.

In den folgenden Spielen geht es: um eine kleine Bastelei mit Schere und Papier, die Sie in eine andere Dimension entführt und das Offensichtliche unbegreiflich werden lässt; um ein Ritual, das Sie in die Urzeit des Menschen zurückbringt und vom Mond profitiert; um einen Besuch bei Ihrem inneren Optiker, wo Sie erfahren, ob Ihr inneres Auge einer Brille bedarf; um eine zeitmaschinenlose Zeitreise, mit offenen Augen, Millionen von Jahren in die Vergangenheit; um eine kürzere Reise in die Vergangenheit, immer der Nase nach. Dann wollen wir noch ein Stückchen Zeit sezieren und lösen schließlich, zu guter Letzt und als allerletztes Spiel dieses Buches, den Urknall aus.

Spiel 71

Dr. Möbius' Bastelstunde

Hundert Menschen schärfen ihren Säbel, Tausende ihre Messer, aber Zehntausende lassen ihren Verstand ungeschärft, weil sie ihn nicht üben.

Der natürliche Schulmeister 3
Johann Heinrich Pestalozzi

Wer wäre wohl so vermessen zu glauben, alles verstehen zu können? Das Sein als Ganzes, die Entstehung des Universums, die Rätsel der Quantenwelt oder des Bewusstseins – es gibt genug Dinge, die für Verstand und Gefühl nicht fassbar sind. Vielleicht sind diese großen Geheimnisse aber auch nicht von so großer Bedeutung für uns. Freilich sind manche von uns sehr neugierig. Doch das macht die Objekte der Neugier noch nicht bedeutend. Das Unfassbare bleibt unfasslich.

Manches mag auch zu komplex sein, als dass wir hoffen könnten, es jemals völlig zu verstehen, auch wenn es unzweifelhaft wichtig für unser Leben ist, wie beispielsweise menschliche Beziehungen. Diese Dinge wollen wir verstehen, müssen wir sogar bis zu einem gewissen Grad verstehen, um uns in der Welt zurechtzufinden. Aber auch nur annähernd vollständig verstehen werden wir sie nie.

Trotz alldem: einfache, mit den Händen fassbare Dinge sollten wir doch verstehen können. Was wir mit den Händen fassen, müssten wir auch mit dem Geist zu fassen in der Lage sein.

Oder ist selbst das zu viel verlangt?

Spielregeln

Basteln Sie ein Möbiusband und spielen Sie damit herum. Und so geht es: Schneiden Sie einen Papierstreifen ca. 3 cm breit und 10 cm lang.

Kleben Sie nun die kurzen Kanten zusammen, doch drehen Sie dabei eine Kante, sodass die Punkte A und D sowie die Punkte B und C aufeinander zu liegen kommen. Das Ergebnis ist eine Art Ring.

Erkunden Sie die seltsamen Eigenschaften des Möbiusbandes.

Dauer: 10 Minuten *Schwierigkeitsgrad: III*

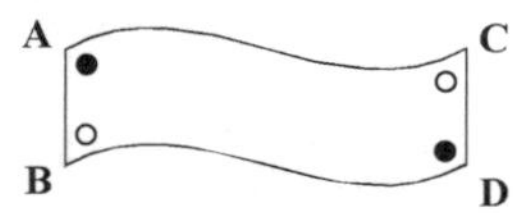

Das Möbiusband ist eine kuriose Sache: eine zweidimensionale Oberfläche mit einer eindimensionalen Begrenzung, die im dreidimensionalen Raum eingebettet werden kann, aber keine Orientierung (oben/unten) hat.

Mich hat das Möbius'sche Band schon immer fasziniert. Das Faszinierende ist aber vielleicht nicht auf den ersten Blick zu sehen.

Ein Blatt Papier hat zwei Seiten. Wahrscheinlich haben Sie keine Schwierigkeiten, diesem Satz zuzustimmen. Noch nicht. Erste Zweifel könnten Ihnen kommen, wenn Sie jetzt versuchen, eine Seite des Möbiusbandes farbig anzumalen und die andere unbemalt zu lassen.

Wenn Sie das hier nur lesen, werden Sie nicht verstehen, was ich meine. Sie müssen schon mitspielen …

Das Band hat nicht nur keine zwei Seiten. Es hat nicht einmal zwei Kanten. Ich kann es Ihnen nicht verdenken, wenn Sie nun völlig davon überzeugt sind, dass ich fantasiere. Also die zwei Kanten sind doch sofort zu sehen! Vielleicht haben Sie Recht? Nehmen Sie einen Stift und fahren Sie dicht an einer Kante entlang. Sie werden eine Überraschung erleben.

Nachdem Sie nun schon ein wenig mit dem Objekt experimentiert haben, können Sie ausprobieren, ob Sie das Möbiusband verstehen: Versuchen Sie vorauszusagen, was passiert, wenn Sie in der Mitte des Bandes, parallel zur Kante schneiden – bis Sie wieder an den Ausgangspunkt zurückkommen. Zwei Möbiusbänder? Oder etwas anderes? Entstehen neue Eigenschaften? Und noch ein Experiment mit einem neuen Möbiusband: Schneiden Sie wieder parallel zum Rand des Bandes, doch nicht ganz in der Mitte. Macht das einen Unterschied zum vorigen Experiment?

Ist es nicht wirklich faszinierend, was in diesem unscheinbaren Papierkringelchen steckt?

P.S.: Falls Sie Spaß an der Sache gefunden haben, können Sie einmal darüber nachdenken, was entsteht, wenn Sie die Kanten zweier Möbiusbänder zusammenkleben. (Den Klebstoff können Sie ruhig in der Schublade lassen …)

Spiel 72 Nacht und nackt

Wenn das Abendrot niedergesunken,
keine freudige Farbe mehr spricht,
und die Kränze still leuchtender Funken
die Nacht um die schattichte Stirne flicht:
Wehet der Sterne heiliger Sinn
leis durch die Ferne bis zu mir hin.

Sprich aus der Ferne
Clemens Brentano

»Wir sind alle ein Teil der Natur.« Ist das eine Binsenweisheit, eine Selbstverständlichkeit, ein Ziel, eine Tatsache, ein Irrtum oder ein schöner Traum? Befragen wir unsere Gedanken, taucht allerlei Widersprüchliches auf – Theorien und Glaubensvorstellungen, Ideen und Ideologien. Fragen wir doch lieber unser Herz!

Nun ist es nicht so leicht, mich als Teil der Natur zu spüren, während ich in der Stadt in einem Haus an einem Computer sitze. In der freien Natur ist es schon besser. Aber auch dann … Die Augenblicke, in denen sich der Mensch wirklich eins mit der Natur fühlt, sind selten. Einsam im Wald, beim Anblick eines überwältigenden Naturschauspiels, beim selbstvergessenen Schwimmen im See erleben wir beglückende Momente der Verbundenheit mit der Natur um uns herum – wenn wir Glück haben …

In diesem Spiel werden wir versuchen, dieses Gefühl der Verbundenheit in unser Innerstes hineinzulassen – selbst, wenn es uns dabei vielleicht ein wenig unheimlich zu Mute werden sollte.

Spielregeln

Suchen Sie sich tagsüber eine Stelle im Wald, die Sie auch nachts wieder finden. In der nächsten (warmen) Nacht, wenn der Mond genug Licht gibt, fahren Sie dorthin. Ziehen Sie sich nackt aus und tanzen Sie nackt unter den Sternen. Welche Gefühle tauchen dabei in Ihnen auf? Spüren Sie, wie Sie zu einem Teil des Waldes, der Erde, des Universums werden.

Dauer: 20 Minuten *Schwierigkeitsgrad: III*

Dieses Spiel erfordert scheinbar viel Mut. Das Dunkel ist uns unheimlich. Und die wilde nächtliche Natur ist von Ängsten bevölkert. Dennoch wagen wir es vielleicht schließlich, in den nächtlichen Wald zu gehen. Wenn die Angst zu uns kommt, blicken wir ihr ins Angesicht: Wenn wir lange genug hinsehen, beginnt sie uns anzulächeln.

Wir stehen nun mitten im Wald, um uns ist es dunkel. Weit entfernt davon, mit der Natur eins zu werden, fühlen wir uns verloren und spüren das Getrenntsein vom lebenden Wald umso deutlicher. Und nun ausziehen? Ganz nackt ausziehen? Es sträubt sich alles in uns. Aber vielleicht kommt auch ein Kribbeln im Bauch dazu … das noch nie Erlebte erleben – wie spannend! Doch wir zaudern. Aber dann, langsam und fast widerwillig, wagen wir auch das. Nun gut: Jetzt stehen wir nackt im nächtlichen Wald. Aber immer noch nicht die Spur eines Gefühles der Einheit. Langsam jedoch steigt ein unbekanntes Gefühl in uns auf. Eine Mischung aus Angst, Erwartung, Spannung, Freiheit … Jetzt versuchen wir, die Spannung loszulassen und zu tanzen. Natürlich kommen wir uns zunächst wirklich albern, verrückt, *anders* vor. Vielleicht fragen wir uns: Was tue ich hier eigentlich? Auch diesen Gedanken lassen wir los und beginnen zu tanzen. Erst etwas steif. Allmählich spüren wir, dass es Spaß macht, und wir werden freier.

Wir tanzen nackt im Wald, nackt wie Tiere – aber im Tanz sind wir ganz Mensch. Wir lassen unsere tiefsten Gefühle im Tanz heraus und vergessen Angst, Scham, Gedanken, Zweifel. Um uns der Wald, die kühle Luft auf unserer Haut, über uns die Sterne, in uns das Leben. Und eine tiefe Freude steigt auf. Der Wald ist nichts Fremdes mehr, wir werden zu einem lebenden Teil des Waldes. Und in den Augenblicken, in denen sich Gedanken regen, spüren wir erstaunt, dass wir zu einem Teil der Natur geworden sind …

Das Schwierige an diesem Spiel ist – wie bei vielen anderen philosophischen Spielen auch –, es tatsächlich zu tun. Allein, dass wir das Ungewöhnliche wagen, verändert uns. Die Schwierigkeit besteht allerdings nur in unserer Vorstellung. Was könnte leichter sein, als einen kurzen Spaziergang im Wald zu machen und ein wenig zu tanzen? Die Probleme, denen wir möglicherweise begegnen, wenn wir dieses Spiel spielen, geben uns interessante Einsichten in unsere Vorstellungen. Doch das eigentliche Thema ist das Gefühl der Einheit mit der Natur. Wir *sind* ein Teil der Natur. Wir können gar nicht anders. Das Merkwürdige ist nicht die Erfahrung des Einsseins mit der Welt, sondern dass wir uns überhaupt erst getrennt von dem Rest der Welt fühlen können.

Die Gefühle, die uns bei diesem Spiel begegnen, sind archaisch, uralt. Erst die Ängste, die uns im Dunkel des Waldes überfallen (und die vielleicht einige Menschen daran hindern, dieses Spiel zu wagen), dann die Freiheit und Einheit. Wenn es uns gelingt, diese Freiheit und Einheit in den Tag mit hinüberzunehmen, blühen uns Einsichten, die uns zuvor verschlossen waren. Pflücken wir diese Blüten …

Spiel 73 Die Flüchtigkeit der Sinne

Unser Gedächtnis gleicht einem Siebe, dessen Löcher anfangs klein sind, wenig durchfallen lassen, jedoch immer größer werden und endlich so groß sind, dass das Hineingeworfene fast alles durchfällt.

Parerga und Paralipomena II, 26
Arthur Schopenhauer

Aus den Augen, aus dem Sinn: das Motto oberflächlicher Egozentriker und die Lebenswelt kleiner Kinder.

Wir müssen erst lernen, dass die Welt auch dann existieren soll, wenn wir sie gar nicht wahrnehmen. Es ist nicht selbstverständlich, dass Dinge, die man nicht sieht, real sind. Es ist aber noch komplizierter: Es existieren nicht *alle* Dinge, die wir nicht sehen. Weihnachtsmann oder Osterhase soll's angeblich gar nicht geben, und auch bei Gott haben viele große Zweifel. Macht ein Baum, der im tiefen Wald steht und umfällt, ohne Beobachter weit und breit, tatsächlich ein Geräusch beim Fallen? Wie sollte man das beweisen? Oder auch, dass der Wald überhaupt existiert, während ich in der Stadt beim Kaffee sitze?

Ganz kleine Kinder sind von vielen Dingen fasziniert. Doch so groß die Faszination auch sein mag: Ist das Faszinosum aus dem Wahrnehmungsfeld verschwunden, hört es für das Kind auf zu existieren. Später lernen wir die Welt in unserem Bewusstsein abzubilden und können uns auch Abwesendes (und andere nicht existente Dinge) aus der Tiefe unseres Geistes an die Oberfläche unseres Bewusstseins holen. Meist bemerken wir dabei gar nicht, wie schwankend und flüchtig die innere Welt ist.

Spielregeln

Nehmen Sie einen kleinen, einfachen Gegenstand, beispielsweise ein Streichholz in die Hand. Betrachten Sie es eine Minute lang eingehend. Schließen Sie dann Ihre Augen und versuchen Sie, es mit geschlossenen Augen genau zu visualisieren. Können Sie den Gegenstand vor Ihrem inneren Auge stabil halten?

Dauer: 5 Minuten *Schwierigkeitsgrad: IV*

Ein wahrer Yogi, so heißt es in Indien, vermag einen Gegenstand eineinhalb Minuten lang vor seinem inneren Auge unverändert zu bewahren. Ein Meister schafft es doppelt so lange. Zu welcher Gruppe gehören Sie?

Dieses Spiel wird eigentlich von jedem (außer von jenen, die es ausprobiert haben) unterschätzt. Ist es wirklich so schwierig? Ja. Vielleicht sogar noch ein wenig schwieriger.

Bei den ersten Versuchen wird es wahrscheinlich nicht einmal gelingen, das Bild auch nur den Bruchteil einer Sekunde festzuhalten. Sobald die Augen sich schließen, verschwindet die Welt. Dann macht sich das Bewusstsein daran, das Bild aus Erinnerungen zu rekonstruieren. Doch das Bild, das dabei vor dem inneren Auge entsteht, ist nicht das gesehene Bild. Sobald sich die Augen öffnen, ist der Unterschied offensichtlich.

Mit etwas Übung – oder aber einer guten visuellen Begabung – wird es jedoch tatsächlich gelingen können, das Bild ein Weilchen stabil zu halten. Vielleicht eine Sekunde oder zwei. Manchmal sogar noch ein wenig länger. Aber weit, weit, weit entfernt von einer Minute oder gar drei. Wie lang eine Sekunde werden kann!

Doch bereits die Fähigkeit, ein Bild sekundenlang stabil im Geist zu behalten, macht Erstaunliches möglich. Wer in der Lage ist, sich das Bild eines vollkommenen Kreises oder einer komplexeren Form unveränderlich vor Augen zu halten, der kann auch einen vollkommenen Kreis oder eine andere Form zeichnen: Er muss nur nachziehen, was deutlich vor seinem inneren Auge steht.

Genau dies tun übrigens auch Zen-Mönche, die sich in der Kalligrafie üben. Die Kunst, ein (chinesisches) Schriftzeichen harmonisch zu malen, ist keine handwerkliche Geschicklichkeit, sondern eine geistige Disziplin. So üben die Mönche nicht eigentlich Kalligrafie, sondern Klarheit und Ruhe in den Geist zu bringen. Sind Klarheit und Ruhe so stark, dass die inneren Bilder nicht ins Wanken geraten, ist die Kalligrafie ein Leichtes.

Unsere Sinne sind flüchtig. Sie fliehen die Gedanken, Sorgen, Überlegungen, die in unseren Köpfen hin und her rasen.

Spiel 74

Blick in die Vergangenheit

Es murmeln die Wogen ihr ew'ges Gemurmel,
es wehet der Wind, es fliehen die Wolken,
es blinken die Sterne gleichgültig und kalt.
Und ein Narr wartet auf Antwort.

Fragen
Heinrich Heine

Blicken wir ins Meer der Zeit, dringt unser Auge für gewöhnlich kaum unter die Oberfläche. Zu tief und zu weit ist das Meer, als dass wir es mit unseren Sinnen fassen könnten. Wie sollen wir uns das Alter des Universums, des Sonnensystems oder auch nur der Erde vorstellen?

Und warum sollten wir das überhaupt tun? Um zu verstehen, um das Wunder der Welt zu begreifen, um zu erkennen, dass die Evolution des Kosmos und des Lebens noch erstaunlicher und wunderbarer ist, wenn wir sie ein wenig besser verstehen – wunderbarer als eine bloße Schöpfung aus dem Nichts. Um nicht nur mit Worten und Gedanken, sondern mit Staunen und Gefühl unseren Standpunkt in Raum und Zeit zu betrachten.

Ob gläubig, agnostisch oder atheistisch: Das Universum und das Leben wird wohl jeder als erstaunliches, gewaltiges Wunder ansehen. Doch ein Wunder, das seine Wunderlichkeit nur seiner Größe und Unbegreiflichkeit verdankt, ist weitaus weniger erstaunlich als eines, dessen Größe wir ansatzweise in Analogien fassen und dessen Wesen wir teilweise begreifen – und das dennoch ein Wunder bleibt.

Mit dem Verstehen wird das Staunen nicht geringer, sondern größer.

Spielregeln

Ein Blick in den Sternenhimmel ist ein Blick in die ferne Vergangenheit – die Sterne, die Sie sehen, könnten bereits vor 1000 Jahren erloschen sein. Betrachten Sie in einer klaren Sommernacht die Sterne, und versuchen Sie sich dies klar zu machen. Bekommen Sie ein Gefühl für die Tiefe der Zeit und die gewaltige Größe des Raumes?

Dauer: 30 Minuten *Schwierigkeitsgrad: IV*

Das Licht braucht etwa acht Minuten, um uns von unserer Sonne zu erreichen. Das Licht der nächsten Sonne, Proxima Centauri, braucht bereits über vier Jahre. Das Licht der Nachbargalaxie, dem Andromedanebel, über zwei Millionen Jahre.

Eine Möglichkeit, das Unbegreifliche greifbarer zu machen, ist die Analogie. Wir können die fünf Milliarden Jahre Erdgeschichte nicht fassen; diese Zeiträume haben keine Entsprechung in unserer Erfahrung. Um damit zu beginnen, die Zeit zu verstehen, können wir die Milliarden Jahre komprimieren – wie wären die Verhältnisse, wenn die Geschichte der Erde auf den Zeitraum von einem einzigen Jahr zusammenschrumpfte?

Am 1. Januar bildet sich aus rotierenden heißen Gasen allmählich ein Planet. Es dauert den ganzen Januar und Februar, bis die Gase abkühlen, die schwereren Elemente einen Kern bilden und eine Kruste über dem feurig-flüssigen Inneren entsteht.

Mitte April ist die Erde so weit abgekühlt, dass sich selbstvermehrende Moleküle bilden. Die folgenden Monate werden die Moleküle komplexer. Doch erst Mitte November entstehen die ersten Algen.

Von da an geht es schneller voran. Nur zwei Wochen später haben sich die ersten primitiven Fische entwickelt. Wenige Tage später kriechen die ersten Lebensformen an Land.

Um den 10. Dezember herum beginnt das Zeitalter der Dinosaurier. Wenig später fliegen die ersten Vögel. Etwa am 24. Dezember trifft ein Meteor die Erde und löscht die Dinosaurier und mit ihnen 90 Prozent allen Lebens aus.

Am 24. Dezember beginnt der Siegeszug der Säugetiere. Doch es dauert noch eine Woche, bis die ersten menschenähnlichen Wesen auf dem Planeten erscheinen. Es ist der 31. Dezember, kurz vor 21 Uhr.

Zehn Minuten vor dem Jahreswechsel entwickelt sich aus den Vormenschen der Mensch.

Die Menschheitsgeschichte beginnt eine Minute vor Mitternacht. Wenige Sekunden vor Mitternacht erscheint Buddha; Millisekunden später wird Jesus Christus ans Kreuz geschlagen.

Alles, was mit unserem persönlichen Leben und dem unserer Väter, Großväter und Urgroßväter zusammenhängt, die industrielle Revolution, Weltkriege und Weltkonzerne, ist in die letzten Zehntelsekunden gepackt.

Und hier sind wir.

Spiel 75 Rosenduft

Eine Parfümflasche ist zerbrochen, das gute Laken hat einen grünlichen Fleck; ein Geruch steigt auf, und jetzt erinnert sich die Nase. Die hat das beste Gedächtnis von allen! Sie bewahrt Tage auf und ganze Lebenszeiten. Personen, Strandbilder, Lieder, Verse, an die du nie mehr gedacht hast, sind auf einmal da.

Koffer auspacken, 1927
Kurt Tucholsky

Unsere ersten Erinnerungen sind wortlos, da wir keine Worte kannten. Sie sind bildlos, da wir auch das Sehen und Erkennen erst lernen mussten. Unsere ältesten Erinnerungen sind Gefühle – und diese Gefühle sind mit Düften und Gerüchen verbunden.

Der Geruchssinn ist der älteste aller Sinne. Das Geruchsorgan ist im Gegensatz zu den anderen Sinnen direkt mit dem Gehirn verbunden. Es ist also eigentlich ein Teil des Gehirns, das Riechhirn – ein stammesgeschichtlich uralter Teil des Nervensystems. Und dieser Teil des Gehirns steht in enger Verbindung mit dem so genannten limbischen System, dem Ort, von dem Gefühle und grundlegende emotionelle Reaktionen wie Wut, Furcht oder Zuneigung ausgehen. Außerdem spielt das limbische System eine wichtige Rolle bei Gedächtnis- und Lernvorgängen.

Düfte sprechen direkt zu unserem Unterbewusstsein und zu unseren Gefühlen. Gerüche können uns in die Vergangenheit entführen – in eine Vergangenheit, an die wir keine bewussten Erinnerungen haben. Sie können uns auf-, an- oder erregen, uns beruhigen oder inspirieren.

Folgen wir also unserer Nase in die Vergangenheit.

Spielregeln

Für dieses Spiel brauchen Sie eine frische Rose. Schließen Sie die Augen und riechen Sie an der Blume – und beobachten Sie, wie viele unerwartete Gefühle, Bilder und Assoziationen auftauchen. Tauchen Sie in den Duft und die Gefühle, die der Duft hervorruft, ein.

Dauer: 3 Minuten *Schwierigkeitsgrad: I*

Rosen sind nicht meine Lieblingsblumen. Sie sind wohl die Supermodels unter den Pflanzen – aber mir ist Schönheit, die weniger aufdringlich ist, sympathischer. Gänseblümchen und Glockenblumen berühren mich weitaus mehr als die »edle« Rose.

Doch mit ihrem Duft ist es etwas anderes. Ich rieche an der Rose – und eine Vielzahl von Gefühlen taucht auf: Zuerst ist da etwas, das mich in eine lang vergangene Zeit zurückversetzt, ein »Kindheitsgefühl«; dann ist der Duft irgendwie mit leckeren Dingen verbunden, und ich bekomme Appetit. Ganz weit unten ist aber auch ein Gefühl, das abenteuerlich, aber auch mit irgendetwas Unangenehmen verbunden ist.

Das sind die ersten Eindrücke. Ich merke, dass die Gefühle alt sind, aber nicht so alt, dass ich nicht auch Bilder und andere Erinnerungen finden könnte. Ich steige tiefer in die Duftwelt hinab. Das erste Bild, das auftaucht, ist eine Hand voll Stachelbeeren. Grüne und rote, viel versprechend, begehrenswert, aber verboten. Wie komme ich nur auf »verboten«? Das Bild erweitert sich. Ich stehe in einem Garten, in dem Stachelbeersträucher stehen. Ganz hinten im Garten. Die Büsche ragen über meinen Kopf. Es ist der Garten meines Großvaters, in dem ich mit meinem Bruder spiele. Seine kostbaren Stachel- und Johannisbeersträucher sind verbotene Zone für uns. Ab und zu, wenn Opa nicht hinschaut, stibitze ich ein paar Beeren. Das ist nicht so schlimm. Doch auf der anderen Seite des Gartens arbeitet Großvater an seinen Rosen. Er hegt und pflegt sie, ist sehr stolz auf sie und erzählt Geschichten über sie. Die Rosensträucher zu berühren ist uns strengstens verboten. Nicht zu vergleichen mit den Stachelbeeren, von denen wir ab und an naschen dürfen. Selten zwar, aber immerhin. Doch niemals dürfen wir an die Rosen gehen. Natürlich tue ich es trotzdem oder gerade deshalb.

Die Rosen duften köstlich. Warum läuft mir das Wasser im Mund zusammen, wenn ich Rosen rieche? Das Bild meiner Mutter taucht auf, wie sie Marzipan macht. Und in den Brei aus Mandeln und Puderzucker kommt ein wenig Rosenwasser. Als Kind scheint mir das Marzipangeheimnis mit dem Rosenwasser zusammenzuhängen. Nüsse und Zucker – das kann doch nicht meine Lieblingsspeise ergeben! Das Wort »Rosenwasser« hat sich in meinem Kopf festgesetzt und ich bin besessen davon, Rosenwasser herzustellen. Das muss der Himmel sein! Also fülle ich ein Glas mit Wasser und zupfe Blüten vom Rosenstrauch, die ihren köstlichen Duft an das Wasser abgeben sollen. Schließlich ist das Glas voll mit zerquetschten Rosenblüten. Ich bin voller Erwartung. Statt dem erwarteten Hochgenuss kommt der unerwartete Großvater. Mein kleiner Irrtum brachte ihm wohl beinahe einen Herzinfarkt – und mich eine Stunde in den Kohlenkeller.

Appetit, Kindheit, Stachelbeeren, Marzipan und ein Kohlenkeller: All das und noch viel mehr kann im Duft einer Rose stecken.

Spiel 76
Das 10-Minuten-Tagebuch

Wenn ich nicht schreibe, fühle ich, wie meine Welt schrumpft; ich fühle mich in einem Gefängnis. Ich empfinde, wie ich mein Feuer und meine Farben verliere.

Die Tagebücher 1947–1955
Anaïs Nin

Was kann in zehn Minuten schon geschehen?
Ihr Herz schlägt etwa 600 Mal.
Sie atmen ungefähr 100 Mal.
Etwa 1000 Ihrer Gehirnzellen sterben.
Das Licht ist von der Sonne bis zu Ihren Augen gereist.
Es entsteht in Ihrem Körper ungefähr eine Milliarde neuer Zellen.
Die Staatsschulden Deutschlands wachsen um etwa 1,2 Millionen Euro.
1500 Kinder werden auf der Welt geboren.
40 Kinder sterben an Wassermangel.
3,5 Tonnen Sonnenlicht fallen auf die Erde.
20 tödliche Autounfälle finden weltweit statt.
Ein berühmter Formel-1-Fahrer verdient in dieser Zeit etwa 2000 Euro, ein chinesischer Bauer einen Cent.
Die Erde ist auf ihrer Bahn um die Sonne 18 000 km weiter gekommen.

In zehn Minuten geschieht mehr, als man vielleicht denkt. Was geschieht in dieser Zeit in Ihnen?

Spielregeln

In diesem Spiel haben Sie die Wahl. Entscheiden Sie sich für eines der zehn 10-Minuten-Spiele, die unten beschrieben sind. Sie können schreiben, still sein, plappern, tanzen, sich befreien, vom Gas gehen, dicht machen, sich wie ein Hund vor der Tür fühlen, lesen oder weinen und lachen. Und noch vieles mehr. Zehn Minuten können sehr unterschiedlich lang sein.
Dauer: 10 Minuten *Schwierigkeitsgrad: II*

Zehn 10-Minuten-Spiele

1. *Das 10-Minuten-Tagebuch.* Schreiben Sie zehn Minuten lang alles auf, was Ihnen gerade durch den Kopf geht.
   Wirkung: klärt die Gedanken, fördert die Kreativität
2. *Stillstand.* Bleiben Sie zehn Minuten lang absolut bewegungslos. Wenn's juckt, lassen Sie es jucken.
   Wirkung: fördert Geduld und Selbstbeherrschung
3. *Blabla.* Wiederholen Sie ein Wort zehn Minuten lang. Es ist ganz egal, was für ein Wort es ist, aber Sie sollten sich ganz und gar darauf konzentrieren.
   Wirkung: beruhigend, bringt den Gedankenfluss zur Ruhe
4. *Besessen.* Tanzen Sie zehn Minuten lang wie ein Verrückter, mit oder ohne Musik – aber am besten ohne Zuschauer.
   Wirkung: löst Spannungen und Aggressionen, gibt Energie, antidepressiv
5. *Mitleidstour.* Versuchen Sie zehn Minuten lang für einen unsympathischen Menschen Mitleid zu empfinden.
   Wirkung: befreiend
6. *Zeitlupe.* Bewegen Sie sich zehn Minuten lang im Zeitlupentempo. Machen Sie jede kleine Bewegung vollkommen bewusst.
   Wirkung: erhöht das Körperbewusstsein und gibt ein Gefühl der Leichtigkeit
7. *Ruhe.* Halten Sie sich zehn Minuten lang die Ohren und Augen zu. Überlegen Sie, wie Sie feststellen, dass die zehn Minuten vorbei sind.
   Wirkung: schärft die Sinne und erleichtert es, über Farben und Klänge zu staunen
8. *Regen.* Kauern Sie sich zehn Minuten lang unter der kalten (!) Dusche zusammen und erleben Sie das Lebensgefühl der meisten Lebewesen.
   Wirkung: herzerweiternd
9. *Vorlesen.* Lesen Sie zehn Minuten lang aus einem Buch laut vor. Leiern Sie nicht, sondern versuchen Sie, mit Ausdruck zu sprechen.
   Wirkung: kommunikativ, verbessert den Gefühlsausdruck
10. *Wechselbad.* Lachen und Weinen Sie zehn Minuten lang. Erst fünf Minuten Weinen, dann fünf Minuten lachen. Ist Ihnen nicht danach? Spielen Sie es!
    Wirkung: klärt die Gefühle und macht heiter

Spiel 77 Ende

Es wird ein jeder so leicht oder so schwer sterben, als seiner Natur das Leben geworden ist, und wer das eine verstanden hat, wird auch das andere können.

Indienfahrt
Waldemar Bonsels

Dieser Tag ist der letzte Tag Ihres bisherigen Lebens.

Manchen Menschen macht dieser Satz ein wenig Angst. Er enthält den Hinweis auf ein Ende. Das Bekannte endet. Selbst wenn dieses Bekannte nicht immer erfreulich oder gar durchwegs unangenehm war, so hatte es doch den Vorzug, vertraut zu sein. Vertrautheit, selbst wenn sie Vertrautheit mit Leiden ist, schafft Geborgenheit, die man nicht leicht aufgibt. Wer weiß, was an die Stelle des Alten tritt?

In der Regel tritt das Alte in seine eigenen Fußstapfen. Die Sonne geht auf, wir folgen wie sie unseren gewohnten Bahnen und versuchen Inseln der Beständigkeit im reißenden Strom der Zeit zu schaffen. Das ist eine mühsame Arbeit, denn immer wieder macht der Strom unsere Arbeit zunichte. Und dennoch plagen wir uns tagtäglich weiter. Der nächste Tag ist eine Fortsetzung von diesem, wie dieser eine Fortsetzung des vorangegangenen ist.

Aber was geschieht, wenn wir diesen Tag tatsächlich als das Ende unseres bisherigen Lebens betrachten? Das Ende ist nur die eine Seite.

Dieser Tag ist der erste vom Rest Ihres Lebens.

Spielregeln

Wäre es manchmal nicht schön, ganz von vorne anzufangen? In diesem Spiel tun Sie das einfach. Sie werden nicht zum Kind, sondern bleiben Erwachsener – Sie haben alle Ihre Fähigkeiten und alles notwendige Wissen für den Neuanfang zu Verfügung. Was Sie nicht haben, sind Verpflichtungen, Bindungen, Schulden oder Schuldgefühle. Sie beginnen als der, der Sie gerade sind. Nur mit dem Unterschied, dass Sie nicht auf die Vergangenheit zurückblicken.

Dauer: 15 Minuten *Schwierigkeitsgrad: III*

Gedanken an die Vergangenheit bestimmen oft unser Handeln. Wir vergleichen mit Referenzerfahrungen, rufen uns Verpflichtungen ins Gedächtnis und verknüpfen alles Neue mit Altem. Selbst bei diesem Spiel: Wahrscheinlich haben Sie zuerst überlegt, was Sie *anders* machen würden. Und schon sind Sie wieder in Ihrer Vergangenheit gelandet.

Als Kinder überlegen wir nicht, was wir anders machen könnten. Was wir tun, tun wir: spielen, wachsen, lernen, ausprobieren, staunen, fühlen. Ganz und gar folgen wir unserer inneren Natur.

In diesen Zustand können wir nicht so leicht zurückkehren. Aber wozu auch – wirklich alles auslöschen würde uns selbst mit auslöschen. Dennoch: Das Wesentliche – spielen, wachsen, lernen, ausprobieren, staunen, fühlen – können wir wieder erreichen.

Ganz leicht ist es nicht. Ein großer Teil unseres Selbst scheint unsere Vergangenheit zu sein. Wie wir sprechen und denken, ja, selbst wie wir fühlen, hängt damit zusammen, wie wir groß geworden sind, welche Erfahrungen wir gemacht haben, welche kulturellen und familiären Wurzeln wir haben.

Stelle wir uns vor, wir hätten unser Gedächtnis verloren. Zwar wären uns die Sprache und unsere erworbenen Fähigkeiten geblieben, doch alle persönlichen Erinnerungen wären ausgelöscht: Wäre nicht das Erste, was uns bewegte, die Frage nach unserer Vergangenheit, unserer Herkunft, unseren Wurzeln? Die Vergangenheit zu verlieren ist sehr beunruhigend.

Wenn wir es wagen, uns spielerisch in das Abenteuer eines neuen Lebens zu stürzen, bemerken wir vielleicht, dass die Vergangenheit nicht nur Geborgenheit, Sicherheit und Verwurzelung ist, sondern auch Last. Ohne diese Last fehlt uns vielleicht etwas, doch wir sind auch freier.

Jeder Tag ist ein neues Leben. Auch wenn wir dieses Spiel nicht spielen. Doch das Leben ist wie ein Fluss. In seinem ständigen Fließen bleibt es dem oberflächlichen Blick verborgen, dass das immer Gleiche immer wieder etwas Neues ist. Die Vergangenheit ist nie anders vorhanden als in unserem Bewusstsein, das sich in der Gegenwart Vergangenheit konstruiert.

Jeden Tag entscheiden Sie, wie es mit Ihrem Leben weitergeht. In der Regel treffen Sie diese Entscheidung nicht bewusst. Gewohnheiten, Pflichten, Verantwortungen, Notwendigkeiten scheinen das Leben im Griff zu haben. Aber ist es wirklich so? Vielleicht ist eine Gewohnheit wirklich nicht zu durchbrechen, eine Pflicht unbedingt zu erfüllen, eine Verantwortung nicht abzugeben, eine Notwendigkeit zwingend.

Aber das muss Sie nicht davon abhalten, dieses Spiel zu spielen – vielleicht bleibt es kein Spiel, wenn Sie entdecken, dass Sie »zur Freiheit verdammt« sind: Sie fangen jeden Tag mit einem neuen Leben an.

Spielen Sie weiter ...

Kaum ein Buch hat mir beim Schreiben so viel Spaß gemacht und so viele Einsichten beschert wie dieses. Nun hoffe ich sehr, dass auch Sie ein paar der Spiele in diesem Buch genießen konnten. Vielleicht haben die Spiele neue Fragen aufgeworfen, Ihnen neue Aspekte der Welt gezeigt, oder Sie haben sogar Antworten beim Spielen gefunden.

Die Spiele, philosophischen Experimente oder spirituellen Abenteuer wollen Sie nie belehren, Sie überzeugen oder Ihnen eine Ansicht aufdrängen. Sie sollen Sie immer nur anregen: mehr Sie selbst zu sein, der zu sein, der Sie wirklich sind. Es gibt immer viel mehr, als wir uns vorstellen.

Manche der Spiele können Sie immer wieder hervorholen und Neues dabei entdecken. Sie können eigene Spiele entwerfen. Sie können Spiele verändern und Variationen eines Themas erkunden. Spielen Sie weiter!

Herzlich, Aljoscha A. Schwarz

Alles,
was in diesem Buch steht,
könnte auch ganz
anders sein ...

Literatur

Buddha: »Das Hohe Lied der Wahrheit. Dhammapada«, Herder, Freiburg 1992
Droit, Roger-Pol: »Fünf Minuten Ewigkeit«, Hoffmann und Campe, Hamburg 2002
Dschuang Dsi: »Das wahre Buch vom südlichen Blütenland«, Diederichs, München 1994
Feyerabend, P. K.: »Wider den Methodenzwang«, Suhrkamp, Frankfurt 1986
Gaarder, J.: »Sofies Welt. Roman über die Geschichte der Philosophie«, Hanser, München 1993
Hofstadter, D.: »Metamagicum«, Klett-Cotta, Stuttgart 1988
Hofstadter, D.: »Gödel, Escher, Bach«, Klett-Cotta, Stuttgart 1995
Hofstadter, D./Dennett, D.: »Einsicht ins Ich«, Klett-Cotta, Stuttgart 1995
Juhna, Aija: »In Reality ...«, Riga, Latvia 1975
Konfuzius: »Gespräche (Lun-yu)«, Reclam, Ditzingen 1998
Lao-tse: »Tao te king« – in: Schwarz, A./Schweppe, R.: »Tao«, Ludwig, München 2001
Łem, S.: »Robotermärchen«, Suhrkamp, Frankurt/Main 1973
Lightman, A.: »Und immer wieder die Zeit«, Hoffmann und Campe, Hamburg 1994
Meister Eckhart: »Predigten, Traktate, Sprüche«, Digitale Bibliothek Band 2: Philosophie
Rucker, R.: »Die Wunderwelt der Vierten Dimension«, Scherz, München 1990
Russell, B.: »Eroberung des Glücks. Neue Wege zu einer besseren Lebensgestaltung«, Suhrkamp, Frankfurt 1977
Schopenhauer, A.: »Werke in 5 Bänden«, Haffmanns, Zürich 1988
Schwarz, A./Schweppe, R.: »Vom Inneren Wohlstand«, Herbig, München 1997
Schwarz, A./Schweppe, R.: »Die Philosophische Hausapotheke«, Herbig, München 1999
Schwarz, A./Schweppe, R.: »NLP-Praxisbuch«, Südwest, München 2000
Schwarz, A./Schweppe, R.: »Tao«, Ludwig, München 2001
Schwarz, A./Schweppe, R.: »Das Mandala der Liebe«, Bauer, Freiburg 2001
Schwarz, A./Schweppe, R.: »Anleitung zum Philosophieren«, Herbig, München 2001
Seneca: »Vom glücklichen Leben«, Insel, Frankfurt 1992
Smullyan, R.: »Das Tao ist Stille«, Fischer, Frankfurt 1985
Smullyan, R.: »Some Interesting Memories: A Paradoxical Life«, Thinkers' Press, Davenport 2002
Tolle, E.: »Jetzt!«, Kamphausen, Bielefeld 2003
Wittgenstein, L.: »Tractatus logico-philosophicus/Philosophische Untersuchungen«, Suhrkamp, Frankfurt 1963

Bibliografische Information der Deutschen Bibliothek
Die Deutsche Bibliothek verzeichnet diese Publikation in der Deutschen Nationalbibliografie; detaillierte bibliografische Daten sind im Internet über http://dnb.ddb.de abrufbar

Kreuz Verlag GmbH & Co. KG Stuttgart
Verlagsgruppe Dornier
Postfach 80 06 69, 70506 Stuttgart

www.kreuzverlag.de
www.verlagsgruppe-dornier.de

Der Kreuz Verlag ist ein Unternehmen der Verlagsgruppe Dornier GmbH

Illustrationen: Wolfgang Pfau
Umschlagbild: © Voller Ernst/Peter Wiegel
Umschlaggestaltung: Bergmoser & Höller Agentur, Aachen
Satz: de·te·pe, Aalen
Druck: Westermann Druck, Zwickau

ISBN 3-7831-2445-X